2015

中国金融标准化报告

China Financial Standardization Report

中国人民银行

中国金融出版社

责任编辑：童祎薇　肖　炜
责任校对：李俊英
责任印制：程　颖

图书在版编目（**CIP**）数据

中国金融标准化报告. 2015（Zhongguo Jinrong Biaozhunhua Baogao. 2015）/中国人民银行编. —北京：中国金融出版社，2016.12

ISBN 978 - 7 - 5049 - 8877 - 5

Ⅰ.①中…　Ⅱ.①中…　Ⅲ.①金融—标准化—研究报告—中国—2015　Ⅳ.①F832-65

中国版本图书馆CIP数据核字（2017）第014512号

出版
发行　　**中国金融出版社**
社址　　北京市丰台区益泽路2号
市场开发部　　（010）63266347，63805472，63439533（传真）
网上书店　　http://www.chinafph.com
　　　　　　（010）63286832，63365686（传真）
读者服务部　　（010）66070833，62568380
邮编　　100071
经销　　新华书店
印刷　　北京市松源印刷有限公司
尺寸　　210毫米×285毫米
印张　　9
字数　　153千
版次　　2016年12月第1版
印次　　2016年12月第1次印刷
定价　　80.00元
ISBN 978 - 7 - 5049 - 8877 - 5/F.8437
如出现印装错误本社负责调换　　联系电话（010）63263947

《中国金融标准化报告（2015）》

编委会

目　录

第一章　2015年金融标准化发展综述

第一节　金融标准化管理···　3

第二节　金融标准体系建设··　7

第三节　金融标准制修订与采标··　9

第四节　金融标准化宣贯···　10

第五节　金融标准化成效···　13

第二章　金融国际标准化

第一节　金融国际标准化跟踪与研究····································　17

第二节　参与国际标准化工作情况·······································　21

第三节　金融标准化国际交流··　26

第三章　金融国家标准和行业标准应用

第一节　《银行营业网点服务基本要求》等2项国家标准应用 ·········　33

第二节　《银行业客户服务中心基本要求》等3项国家标准制定及实施应用 ··········　36

第三节　《商业银行内部控制评价指南》行业标准应用 ···············　39

第四节　《金融电子认证规范》行业标准应用 ························　42

第五节　《证券期货业信息系统审计规范》行业标准应用 ···········　45

第四章 金融企业标准化

第一节 《中国人民银行数据生命周期管理技术规范》 ················· 51

第二节 《应用系统 非功能需求》使应用开发疏而不漏 ················· 55

第三节 数据标准化引领重庆银行跨入数据化时代 ················· 60

第四节 中国人民保险集团统一信息安全策略标准构建基于全生命周期的

主数据标准管理体系 ················· 67

第五节 标准化助推蚂蚁金服生态建设 ················· 72

第五章 金融标准化研究

第一节 区块链技术标准设计探讨 ················· 81

第二节 云计算技术研究——中国建设银行私有云探索与实践 ················· 86

第三节 现金机具鉴别能力标准化管理体系建设的初步探索 ················· 96

第四节 《保险术语》国家标准制定实践与思考 ················· 100

第五节 "互联网+"金融的标准体系 ················· 104

第六章 2016年金融标准化工作展望

附 录

附录A 2015年金融标准化工作大事记 ················· 115

附录B 2015年发布、在建金融标准一览表 ················· 118

附录C ISO/TC68及TC222已发布的金融国际标准一览表 ················· 130

附录D LEI中国本地系统发码数据统计名单 ················· 135

第一章
2015年金融标准化
发展综述

- 金融标准化管理
- 金融标准体系建设
- 金融标准制修订与采标
- 金融标准化宣贯
- 金融标准化成效

2015年，在中国人民银行统一部署和具体指导下，金融标准化工作坚持"政府引导、市场推动、改革创新、务求实效"的原则，顺应金融行业改革发展趋势，积极落实《深化标准化工作改革方案》（国发〔2015〕13号）要求，有效完善金融标准化组织架构和制度机制，在公益标准研制、专项工作组推进、金融国际标准化工作等方面取得较好成效，加快了我国迈向标准化服务领域先进行列的步伐，有力地支撑了金融行业创新健康发展。

第一节　金融标准化管理

一、巩固金融标准化基础

（一）完善组织管理

为加强组织建设、完善组织管理，2015年开展全国金融标准化技术委员会（以下简称金标委）委员调整工作，累计完成包括中国人民银行、中国银行业监督管理委员会等委员单位十余位委员的变更增补。完成证券分委会换届工作，第三届证券分委会换届会议确定了第三届委员名单、专业工作组首席专家名单，审议通过了第三届证券分委会章程、专业工作组管理办法、秘书处工作细则、编码和标准服务中心工作细则等制度章程，为持续推进证券期货行业标准化工作深入开展奠定了基础。

加强金标委专项工作组规范化管理。依照《全国金融标准化技术委员会专项工作组管理办法》，完善了金融标准"谁使用、谁制定、谁实施、谁维护"的工作机制，实现了专项工作组的有效推动。如中国人民银行安全保卫标准工作组组织开展了《中国人民银行人民币发行库视频监控系统建设规范》等标准制定工作；银行业数据中心运维标准工作组完成《银行数据中心标准体系建设方案》；银行间市场技术标准工作组加强组织建设，吸收广发证券为工作组成员单位，截至2015年底已有14家成员单位，同时开展了《信贷资产支持证券信息披露》等8项行业标准立项；金融国际标准跟踪研究工作组制定了《金标委金融国际标准跟踪研究工作组（CFSTC/WG6）管理办法》，细化专家跟踪、投票、反馈审批及备案流程，进一步提升国际标准跟踪研究工作效率；农信系统标准工作组编制了《农村金融机构标准化指引》。

（二）健全制度体系

金标委组织研究未来三年金融业标准制定需求清单，立足金融行业，贴近业务需求和市场发展需要，以加强金融标准制修订体系化、前瞻性管理。同时，为保证清单内容紧跟实际，配套制定了《全国金融标准化技术委员会金融标准制修订清单维护规程》，明确了清单制修订原则及程序，为今后金融标准制修订、标准体系维护修订等工作提供了又一指导依据。2015年7月，制定并发布了《全国金融标准化技术委员会专项工作组管理办法》，推动各工作组工作深入开展。

保险分委会发布了《全国金融标准化技术委员会保险分技术委员会委员工作细则（暂行）》、《全国金融标准化技术委员会保险分技术委员会联络员工作细则（暂行）》，并形成了《全国金融标准化技术委员会保险分技术委员会项目管理办法》（征求意见稿）。

（三）优化工作机制

加强年度金融标准化工作指导。 2015年初，金标委工作会议在北京召开，会议讨论确定了2015年工作思路和重点任务。来自人民银行、银监会、证监会、保监会以及金标委委员单位、有关协会的委员及代表参加了会议。证券分委会专业工作组根据行业发展特点和需求，明确将机构间接口标准等7个专业领域标准规划制定作为年度重点任务。保险分委会组织编发了《2015年保险标准化工作要点》，明确年度标准化重点工作，有效落实"新国十条"①、国务院《深化标准化工作改革方案》有关要求，提升了保险标准化支撑行业转型升级的能力和水平。印制分委会发布《关于进一步加强总公司②技术标准管理工作的通知》，对技术标准工作流程进行了规范及优化，将有关职能部门作为牵头部门纳入技术标准工作流程中，显著提高了技术标准工作的效率。

创新健全金融标准化工作机制。 证券分委会、保险分委会通过研究建立联络员机制、专家咨询组机制以及会议汇报等方式保障工作进展，如定期汇报项目进展、制作并定期维护项目进展追踪表，以确保项目进度。印制分委会明确职责管理部门，优化形成新的技术标准管理流程，对技术标准工作效率提高、强化技术标准管理人员职责、保障印制行业标准制修订工作顺利开展等方面都有很好的推动作用。2015年2月，银行业数据

① 即《关于加快发展现代保险服务业的若干意见》（国发〔2014〕29号）。
② 中国印钞造币总公司。

中心运维标准工作组建成分领域的专家资源库，涵盖运维管理、风险管理、软件开发、标准化等诸领域共35名专家，为工作组在战略规划、重大决策等方面提供智库支持。中国人民银行安全保卫标准工作组通过成立专家委员会、若干标准起草组等方式形成长效工作机制，为安全保卫标准化工作提供有力保障和支持。农信系统标准工作组通过邮件、电话、会议等方式强化内部交流协作，切实组织好、协调好、推进好农信系统标准化工作。

持续完善金融标准化服务宣传平台。金标委充分利用门户网站，做好对外服务和宣传，精简优化网站栏目设置，顺利完成网站首页改版工作，通过扩大信息采集范围、提高信息更新频率等方式加强网站内容管理，保障信息及时有效，极大地提升了网站"活力"和影响力。证券分委会优化信息发布渠道，完善标准制修订管理平台，积极推进资本市场标准网改版。保险分委会、印制分委会持续完善网站功能，确保其安全稳定运行，为宣传和服务保险行业、印制行业标准化工作提供了基础保障。

（四）加强人才建设

为了加大国际标准化工作的参与力度，金标委调动国内相关机构参与积极性，2015年新推荐34名专家加入了数字货币研究组、第三方支付服务供应商特别工作组、机构法律形式工作组等15个ISO标准工作组，截至2015年底国内共有43名专家加入21个ISO标准工作组，为我国深入参与金融国际标准化工作、锻造国际标准化人才、构建一支高素质高标准的人才队伍等方面铺平了道路。保险分委会制订周密的标准化人才培训方案，通过组织多期标准编写培训班、标准制修订项目组辅导班等形式，切实提升了标准化工作人员的专业水平和标准的质量。

二、推动金融标准化改革发展

金标委结合国家标准化管理委员会关于强制性标准整合精简工作方案的整体要求，从国内国外两个方面着手，开展金融业制定金融强制性标准必要性的调研，形成金融业强制性标准工作思路，研究推动关键领域的金融强制性标准制定。

2015年，证券分委会组织制定并发布了《证券期货业基础编码标准规划》等7个专业领域标准规划，启动了证券、期货、基金等3项业务标准规划的编制工作，强化标准规划对行业标准化工作的指导作用。同时，证券分委会加强与其他标委会的交流，总结各标委会在制度、业务流程管理、委员管理、工作深化等方面的先进经验和做法，不断完善工作机制和工作方式。

保险业标准化改革发展取得积极成效。一是通过成立课题组开展《深化保险业标准化改革方案》、《保险业标准化"十三五"规划》研究制定工作，旨在探索研究和确定切实可行的保险业标准化改革路径，理清政府主导类标准和市场主导类标准的边界，分门别类加以推进。二是开展保险行业团体标准试点工作，成功推荐中国保险行业协会成为保险业团体标准试点单位（国家首批获批的行业试点单位之一），推动制订团体标准试点工作方案，筹建保险团体标准专业委员会，为保监会主导制定的政府类标准提供有力补充，探索构建政府和市场共治的新型标准体系。

三、加大金融标准化研究力度

金标委不断加强服务民生等国家重点领域相关金融国家标准的制定和研究工作。一是积极推动国家质检公益性项目《金融网点服务关键标准研制》中《银行营业网点服务基本要求》、《银行业产品说明书描述规范》、《商业银行客户服务中心服务外包管理规范》等9项国家标准的编制工作。该系列金融国家标准于2015年12月由国家标准委正式发布，内容涉及银行机构网点、银行产品说明书、客户服务中心、个人理财产品等领域，社会各界反响良好，将在改善金融服务和改善金融消费者体验等方面发挥重要作用。二是承担科技部《云灾备管理、服务与标准体系研究》专题项目，截至2015年底已完成《中小金融机构灾备云安全要求》、《中小金融机构灾备云服务管理规范》、《中小金融机构灾备云技术规范》3项金融行业标准送审的编制工作，发表《金融云标准化体系建设研究》等3篇文章。

证券分委会积极开展重点项目研制工作，为数据整合治理工作奠定基础。一是完成证券期货行业数据模型（SDOM）项目一期建设。以证券期货行业相关法律法规、业务规则、制度及流程等为依据，绘制了行业顶层数据流图及机构内数据流图，识别行业数据的现状。进一步以"交易"、"监管"、"披露"三大业务线条为切入点，分别完成对行业中各种业务的全面遍历，最终形成了一系列有关联关系的数据项和数据表。项目的二期建设正在有序推进。二是初步构建基于数据模型的行业数据治理（DG-SDOM），建立了基于数据模型的基础编码类、接口协议类、信息披露类等技术标准体系。

保险分委会利用标准化推动保险业转型升级，大力开展国家标准化基础课题研究，委托中国保险行业协会有序推进国家级标准化课题《保险标准体系及重要标准研究》各子课题的开展，截至2015年底，形成《保险标准化体系研究报告》并进入征求意见阶段，完成《农业保险数据标准化研究》、《保险电子商务平台建设标准化研究》两个子课题研究报告初稿的编制，《保险术语》、《保险机构投诉处理规范》已申请国家标准立项。

印制分委会完成《第五套人民币流通硬币出厂产品质量验收规则》等25项中国印钞造币总公司技术标准的征求意见工作；完成《设备点检维修》、《钞券印版出厂产品质量判定》等25项中国印钞造币总公司技术标准的函审工作；发布《设备点检维修 印钞 第1部分：SOI Ⅱ型超级接线凹印机》等27项中国印钞造币总公司技术标准。这些标准在指导印制企业生产、提高产品一致性等方面都发挥了重要作用。

此外，金标委专项工作组在标准化研究、标准制修订、内部管理等方面取得阶段性成果。银行业数据中心运维标准工作组结合业内普遍关注的变更管理、交付规范两个课题开展调研并编制形成相关标准草案稿。中国人民银行安全保卫标准工作组加强研究安全技术防范国内外标准化现状和发展趋势，通过问卷调查、实地考察等方式掌握了安全保卫信息化以及标准化建设状况，形成人民银行安全保卫标准体系。农信系统标准工作组于2015年初发布《第二代农信银支付清算系统报文交换标准》，有效保障了农信银中心与成员机构间的系统对接。

第二节 金融标准体系建设

2015年，为贯彻落实《深化标准化工作改革方案》、《国家标准化体系建设发展规划（2016—2020年）》有关要求，人民银行联合银监会、证监会、保监会以及金标委启动《金融业标准化体系建设发展规划（2016—2020年）》（以下简称《规划》）研制工作，并初步提出《规划》框架。《规划》旨在提出金融业标准化顶层设计，明确方向、凝聚共识，更好地支撑金融业改革发展。按照国家战略发展要求以及行业各领域发展趋势，银行、证券、保险等行业持续优化并动态维护其行业标准体系，保持标准体系的前瞻性、科学性以及对行业发展的指导作用。《银行业标准体系》保持原有框架不变，及时跟踪记录2015年行业标准变动情况，研讨归类新立项标准，梳理状态变更标准，截至

2015年底标准体系总共分5大类、40小类，总计382项。

证券分委会基于不同的工作领域，将工作细分为11个专项领域，其中基础编码、机构间接口标准、机构内部接口标准、系统安全、信息披露、技术管理、数据安全等7个专业领域标准规划已经编制完成，并于2015年10月正式印发。这些规划的建设，形成了一套系统性、体系化的标准体系，有效避免了标准的重复建设，降低建设标准的投入，成为证券期货业标准制修订工作的重要依据。

保险分委会以承担保险行业首个国家级标准化课题《保险标准体系及重要标准研究》为契机，对保险业标准体系进行深度研究，并形成《保险标准化体系研究报告》（征求意见稿）。2015年，共开展《保险机构IT审计规范》、《机动车保险数据交换规范》等9项标准制修订工作，完成《保险机构投诉处理规范》等6项标准的发布。

印制分委会在《中国印钞造币总公司标准体系》的指导下积极开展国家标准、金融行业标准、企业标准的制修订工作。该标准体系紧密围绕产品生产工艺质量以及在生产过程中涉及的安全、环保等要素对技术标准进行分类划分，包括设计标准、产品标准、工艺与原材料及试验方法标准、基础设施标准、安全标准等，2015年共发布《设备点检维修　印钞　第1部分：SOIⅡ型超级接线凹印机》等27项中国印钞造币总公司技术标准。

此外，结合当前互联网金融形势与发展需求，金标委组织编制了《互联网金融标准体系》（初稿），同时开展《互联网金融信息披露规范》等业内关注度较高的标准研制工作。《互联网金融标准体系》填补了金融标准体系在该领域的空白，为互联网金融行业规范健康发展提供了指导依据（见图1-1）。

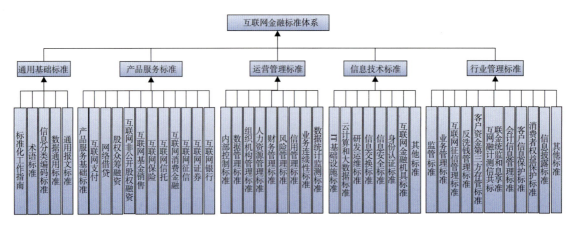

图1-1　互联网金融标准体系框架

第三节　金融标准制修订与采标

一、金融标准发布情况

2015年，我国发布金融国家标准9项、金融行业标准20项，发布人民银行技术标准8项，涉及客户服务中心、个人理财产品、网银安全、银行内控管理、机房动力系统、系统托管以及农业保险等诸多方面，为规范金融发展、防范金融风险、支撑金融创新提供了指导和依据。其中，《银行营业网点服务基本要求》等9项金融国家标准的发布，在助力消费者权益保护、规范金融机构服务等方面意义重大，有效提升了金融服务标准供给；《金融电子认证规范》对金融机构、非银行支付机构使用电子认证服务提出了要求，有利于规范在金融行业提供的电子认证服务，提高行业安全技术水平；《证券期货业信息系统托管基本要求》为业内经营机构选择托管机构提供了参考，为向行业提供托管服务的机构进行系统建设和管理提供了指导；《保险术语》适用于保险监管机构的各类保险监管活动，适用于在国内从事保险业务的保险公司、保险中介机构的各类保险业务活动和管理，助力保险产品创新和模式转型，推动建立最佳秩序的新供给、新动能。《中国人民银行数据生命周期管理技术规范》规范了人民银行数据生命周期管理，对提高应用系统运行效率、降低运营成本等方面起到积极作用。

二、金融标准在建情况

截至2015年底，金融标准在建项目155项。其中，起草阶段共有《中国金融移动支付　非接触式接口规范》等71项，征求意见阶段共有《金融IC卡数据统计规范》等26项，送审阶段共有《银团贷款业务技术指南》等18项，报批阶段共有《金融IC卡行业一卡多应用规范》等33项，终止或暂停7项（见表1–1）。

表1-1　2015年在建金融标准数据统计表

单位：项

进展阶段＼归口方	金标委	证券分委会	保险分委会	印制分委会	各阶段数据合计
起草	50	18	3	0	71
征求意见	7	9	4	6	26
送审	11	1	1	5	18
报批	16	15	0	2	33
终止或暂停	7	0	0	0	7
各归口方数据合计	91	43	8	13	155

三、金融标准立项情况

金标委不断加强标准立项管理，持续优化以各标准体系为基础、以行业需求为导向的立项机制，充分发挥专项工作组在专业领域的优势，做好标准立项把关工作。比如，为推动银行间市场标准化建设工作，银行间市场业务工作组在标准立项前组织召开了金融标准立项申报内部讨论会，从源头把好标准质量关。2015年，按照专家评审、综合评定的原则，在充分听取金标委委员和专家评审意见的基础上，金标委组织完成了中国金融移动支付系列标准、中小金融机构灾备云系列标准和《银行卡清算业务设施技术要求》等22项行业标准立项工作。证券分委会完成了《证券及相关金融工具　国际证券识别编码体系》等2项国家标准及《证券期货行业数据模型》、《证券交易数据交换协议》等22项行业标准的立项工作。保险分委会完成了《保险业车型识别编码规则》国家标准及《保险基础数据元目录》等行业标准立项申报工作。

第四节　金融标准化宣贯

2015年，金融标准化各参与方开展了各具特色的标准化宣贯工作，金标委及分委会加强标准化基础培训，委员单位、专项工作组主推标准宣贯应用，人民银行分支机构推动辖区地方金融标准化建设，整体提升标准化工作水平。

一、中国人民银行、金标委加强基础培训和交流，夯实工作基础

2015年4月，金标委积极组织委员单位专题学习并详细解读《深化标准化工作改革方

案》，为各委员单位认真学习领会国家标准化改革要求、共同推进各项改革任务落实、提升自身标准化能力水平奠定了基础。6月，中国人民银行在郑州举办中级人才培训班，培训班围绕"标准化发展情况及金融标准化现状"进行授课，分析总结了国内外标准化发展态势与金融标准化现状，指明了未来金融标准化工作方向和重点，此次培训促进参训人员加深对金融标准化工作的理解，为今后参与金融标准化建设、自主推进辖区标准化工作提供了理论基础。9月，金标委组织各专项工作组召开会议，总结各工作组成立以来的工作成效，并就工作组管理、工作机制建立等方面进行了经验交流，对工作组完善内部管理、搭建沟通桥梁等方面起到了积极作用。

二、各分委会、委员单位及专项工作组积极开展标准化宣贯工作

证券分委会加大对证券和相关金融工具分委会（ISO/TC68/SC4）、国家编码机构协会（ANNA）的跟踪与研究力度，形成《标准研究》3期，系统分析了ISO/TC68/SC4和ANNA最新工作动态及国际标准化工作流程，为国内机构提供了很好的借鉴和参考。保险分委会、印制分委会均从标准化基础知识着手对标准化工作人员加大培训宣贯力度，其中，保险分委会组织多期标准编写培训班、标准制修订项目组辅导班，印制分委会组织开展《GB/T 1.1 标准化工作导则》专题培训，对高效推进保险、印制标准化各项工作以及培养一批高素质的标准化人才起到积极作用。

中国农业银行利用举办农银大学的机制，面向全行参训科技人员讲解了标准化导论，并对2015年2月发布的Q/ABC 42—2015《应用系统　非功能需求》共9部分企业标准进行了重点宣贯，编制了8课时、4课时等不同的宣贯教材版本，面向软件开发、应用测试、应用运维等不同层次的人员进行了多次培训，参训人员超过260人。农信系统标准工作组举办了两期《第二代农信银支付清算系统报文交换标准》宣贯培训班，召开农信系统标准化工作交流会议，同时介绍了全球法人机构编码（LEI）相关标准及LEI法律实体注册流程，不仅促进参训人员对标准的理解，推动标准快速实施，还有助于培养农信金融机构标准化人才，夯实农信系统标准化建设基础。银行间市场业务标准工作组借助债务融资工具主承销商（承销人员）培训班、债券承销风险管理培训班宣贯了《非金融企业债务融资工具承销业务规范》标准，为有关市场主体开展承销业务活动提供了规范和指导。

三、中国人民银行分支机构多措并举开展金融标准化宣贯

人民银行天津分行建成《银行业标准体系》电子库，海口中心支行将金融标准化知识引入高校（见图1-2），不断扩大金融标准化宣传覆盖面，夯实地方金融标准化工作基础。围绕移动金融、金融IC卡、金融机构编码等金融重点领域标准，天津分行（见图1-3）、重庆营业管理部、乌鲁木齐中心支行、拉萨中心支行（见图1-4）等积极推动标准应用，促进辖内金融机构业务创新发展。郑州中心支行将金融标准化引入当地"智慧城市"建设中，为构建无缝覆盖、综合服务的"智慧河南"网络与提升政府公共服务能力等方面提供了有力支撑。武汉分行举办金融标准化知识培训班（见图1-5），制作电子版宣传册，在网站、金融服务平台上同步宣传金融标准化工作。上海总部举办标准培训班，详细解读了《金融业信息系统机房动力系统规范》（JR/T 0131—2015）和《金融业信息系统机房动力系统测评规范》（JR/T 0132—2015）两项金融行业标准。

图1-2　人民银行海口中心支行将金融标准化知识引入高校

图1-3　人民银行天津分行现场宣传金融标准化及金融机构编码知识体系

图1-4　人民银行拉萨中心支行举办西藏辖区金融信息化培训班解读PBOC3.0、
移动支付等相关标准

图1-5　人民银行武汉分行举办金融标准化培训

第五节　金融标准化成效

一、落实国家战略要求，助力金融行业发展

2015年，人民银行、金标委积极贯彻国家关于普惠金融、"一带一路"、"互联网+"等发展战略以及《深化标准化工作改革方案》有关要求。一是充分发挥专业协会作用，紧密结合当前互联网金融发展需求，关注业内热点领域，组织开展互联网金融标准体系以及相关标准制定工作，填补金融行业标准体系空白，为新兴金融业态健康持续发展提

供有力支撑。二是利用标准化手段为行业发展创建标杆，推动《银行营业网点服务基本要求》等9项国家标准顺利发布，有效提升了标准供给水平，在进一步改善金融服务和金融消费者体验等方面发挥了重要作用，为金标委开展公益类标准建设积累了经验。

二、支撑监管部门履职，规范金融行业发展

金标委充分借助标准化手段辅助金融监管，有效提升金融监管水平。一是《网银系统USBKey规范 安全技术与测评要求》标准，适用于网银系统USBKey的研发、测试、评估和产品采购等环节，有利于规范网银系统USBKey的安全特性，建立有效的测评方法，提升产品的安全水平。二是《金融电子认证规范》对金融机构电子认证服务提出要求，有利于规范金融行业电子认证服务，提高行业安全应用水平。三是《商业银行内部控制评价指南》对商业银行开展内部控制自我评价工作做出了统一规范和具体指导，促进商业银行优化内部控制建设，提升风险管理水平和完善公司治理水平。四是金融检测认证体系的建立为推动金融标准实施、促进行业规范发展起到积极作用，尤其在非金融机构应用系统、金融密码应用、金融IC卡、移动金融等领域引入检测认证手段，实现了以"标准符合性"提高"系统安全性"，既推动金融标准贯彻实施，又对行业监管提供了支撑。

三、以点带面提升金融标准国际影响力

金标委积极参与、不断深化金融国际标准化工作，有效提升国际影响力。一是研究制订金融国际标准跟踪研究行动方案，依托金融国际标准跟踪研究工作组，积极参与国际标准化组织金融服务技术委员会（ISO/TC68）的活动，并派出43位专家加入21个ISO/TC68工作组。二是在金融国际标准领域取得突破，将《银行业产品说明书描述规范》申报成为国际标准提案，中国外汇交易中心开发的ISO 20022报文通过国际评审。三是我国金融IC卡标准（PBOC3.0）成为泰国芯片卡发卡和受理标准，是我国金融标准区域性"走出去"的良好实践。四是积极参与全球法人机构识别编码（LEI）体系建设，在编码的国际推广应用中发出中国声音；做好中国本地系统编码发放与服务，为人民币跨境支付、国内企业参与国际金融市场活动打下基础。

第二章
金融国际标准化

- 金融国际标准化跟踪与研究
- 参与国际标准化工作情况
- 金融标准化国际交流

　　随着金融国际标准化工作在我国经济和社会发展中发挥越来越重要的作用，2015年，金标委研判国内国际金融标准化发展形势，探索LEI在我国的实施应用前景，有序开展LEI我国本地系统建设及运营工作，在不断加强金融国际标准跟踪体系化程度的同时，积极建设我国标准化人才队伍，并完善金融国际标准化对口参与机制，更加广泛深入地跟踪和参与国际标准化工作。

第一节　金融国际标准化跟踪与研究

一、ISO/TC68标准化跟踪与研究

　　为扩大参与国际标准化工作的广泛性，进一步调动业内单位参与的积极性，2015年，金标委组织国内单位参与ISO/TC68战略研究、数字货币、第三方支付服务供应商等国际标准工作组对口工作。截至2015年底，国内已有43名专家加入21个ISO/TC68国际标准工作组（如图2-1红色标注部分所示），实现了对主要国际标准化工作组的覆盖。

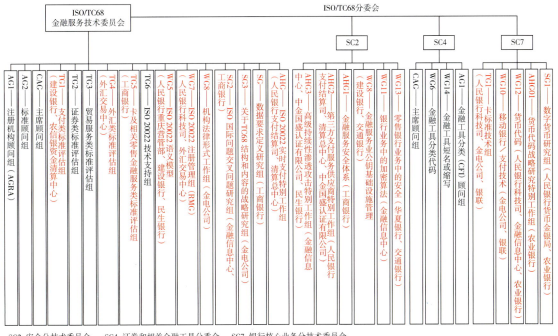

图2-1　ISO/TC68及其分委会组织结构及国内参与情况

截至2015年底，ISO/TC68共有现行标准51项，其中包括法人机构识别编码标准1项，金融业通用报文类标准8项，信息安全类标准18项，证券及相关金融工具类标准12项，核心银行业务类标准12项。

2015年，ISO/TC68提出了ISO 9564—1《金融服务　个人识别码的管理与安全　第1部分:卡基系统中联机PIN处理的基本原则和要求》新工作项目提案建议；ISO 20022注册管理组（RMG）审核通过了支付令牌管理交换系列报文、货币市场统计报告（MMSR）等六项业务请求说明书（BJ）。ISO/TC68及其分委会组织开展了ISO/DIS 12812—1至5《移动金融服务　第1—5部分》、ISO/CD 20275《金融服务　机构法律形式（ELF）》、ISO/DIS 13491—1《银行业务　安全加密设备（零售）　第1部分：概念、要求和评价（估）方法》、ISO/CD 20038《银行及相关金融服务　密钥包》等12项标准的制修订工作。ISO/TC68新发布4项国际标准，即ISO/9564—1:2011/Amd1:2015《金融服务　个人识别码的管理与安全　第1部分:卡基系统中联机PIN处理的基本原则和要求　修订1》、ISO 10962:2015《证券和相关金融工具　金融工具分类（CFI码）》、ISO 18774：2015《证券和相关金融工具　金融工具短名（FISN）》、ISO 4217:2015《表示货币的代码》。

表2-1　2015年ISO/TC68金融国际标准制修订统计表

单位：项

标准制修订过程	立项	编制与修订	发布
数量统计	1	12	4

2015年，ISO/TC68重点加强国际组织间的沟通交流，在ISO 20022报文应用及数字货币、第三方支付服务供应商等新领域的标准化工作如下：

（一）加强沟通协作，推动金融服务标准化发展

为加强与国际标准化组织间的沟通与合作，促进金融服务标准化的共同发展，2015年，ISO/TC68、ISO/TC68/SC7分别与全球法人机构识别编码基金会（GLEIF）和欧洲中央银行（ECB）建立了A类联络关系。

ISO/TC68于2012年制定了ISO 17442《金融服务　法人机构识别编码》国际标准，并应用于全球LEI体系中。2015年，应LEI监管委员会（ROC）请求，ISO/TC68正在制定ISO/CD 20275《金融服务　机构法律形式（ELF）》国际标准。GLEIF将积极参与这两项国际标准的制修订，并计划在ISO/TC68的治理与其他利益相关者的运营和标准应用方面发挥作用。

ECB积极推广ISO的工具、交易、统计报告和报文等标准在欧洲金融市场中的应用。同时，ECB在卡和移动金融交易方面的优势和参与度对SC7的标准制修订工作也会有所贡献。TC68/SC7与其建立联络关系将有助于推动金融服务标准化事业深入发展。

（二）加强金融业通用报文标准研究，推动全球金融报文应用实施

2015年，ISO 20022 RMG审核通过了6项报文的业务请求说明书（BJ），较2014年新开发75条贸易服务类、外汇类、卡及相关零售类报文，为全球金融业务报文的简化与完善提供了有力支撑。此外，ISO 20022 RMG采取措施鼓励更多的金融业机构参与ISO 20022组织，以使ISO 20022标准包含更多区域性金融市场实践领域。

（三）持续加强重点标准制修订，有效防范金融风险

2015年，TC68/SC2持续研究个人识别码管理、安全加密设备、密钥包等安全领域的创新技术，开展ISO/DIS 13491—2《银行业务　安全加密设备（零售）　第2部分：金融交易中设备安全符合性检测清单》、ISO/CD 20038《银行及相关金融服务　密钥包》等7项信息安全标准的编制工作。同时，为确保全球范围内移动金融服务平台间的兼容和互联互通，TC68/SC7也在持续推动ISO/DIS 12812—1至5《移动金融服务　第1—5部分》（共5部分）标准的制定，不断促进移动支付的互用性和安全环境，填补该领域标准化的空白。

（四）组建预研工作组，关注新领域标准化需求

随着第三方支付的不断发展，SC2成立了第三方支付服务供应商特别工作组，对第三方支付服务供应商的监管、客户银行卡及隐私信息保护等开展研究，并将研究报告提请2016年ISO/TC68年会审议。同时，比特币等数字货币可被消费者和商家用于多种目的，SC7对此给予积极关注并成立了数字货币研究组，结合ISO 4217《表示货币的代码》和ISO 20022《金融服务　金融业通用报文方案》标准，为不影响交易的直通式处理，对全球范围内数字货币的现状和交易情况进行了调研和分析，并形成研究报告和相关工作建议，提请2016年ISO/TC68年会审议。

（五）研究和制定TC68发展战略，适应新技术环境下金融服务市场需求

自1972年成立以来，ISO/TC68共进行了四次组织架构的调整，当前TC68下设SC2、SC4和SC7，三个分委会分别建立于1972年、1996年和2004年。2015年，为继续推进战略调整，ISO/TC68成立了TC68战略研究组，对其业务和技术范围、覆盖业务领域和功能、

委员会范围和结构、主席续任计划及标准宣贯进行研究，并形成TC68战略调整方案，提请2016年ISO/TC68年会审议。

二、全球LEI体系跟踪研究及实施

（一）全球LEI体系进展情况

2015年，全球LEI体系完成由临时阶段向正式阶段发展的过渡，监管委员会（Regulatory Oversight Committee，ROC）、全球LEI基金会（Global LEI Foundation，GLEIF）及各本地系统（LEI Operating Unit，LOU）三层级工作均取得了进展，主要体现在几个方面：一是ROC与GLEIF正式签署《谅解备忘录》（以下简称MOU），启动职责过渡，全球LEI体系发展进入新纪元。二是GLEIF全面建设基金会，完成并发布《主协议》（Master Agreement，以下简称MA），全球各LOU认可工作正式启动。三是各LOU建设取得新进展，全球LEI编码发码量大幅提高。

监管委员会（ROC）：全球LEI体系不断发展，GLEIF担任中央运行系统（COU）职责需求不断扩大，ROC与GLEIF之间的职责过渡逐步提上日程。2015年1月，GLEIF董事会（GLEIF BOD）现场会议对MOU内容达成一致，授权董事会主席与ROC进行沟通并完成备忘录签署工作。ROC非常重视职责过渡工作，向GLEIF提出签署MOU的6项前提条件，具体包括《主协议》的编制、发布认可流程等。GLEIF通过近一年的不懈努力，基本达到了ROC的各项条件要求。2015年9月全球LEI体系北京会议期间，GLEIF正式与ROC签署MOU，标志着全球LEI体系完成由临时体系向正式体系的过渡，ROC对LOU的监管职能也将逐渐交由GLEIF负责。

中央运行系统（COU）：2015年，GLEIF作为全球LEI体系的COU，在基金会主席、首席执行官（CEO）及各董事的共同努力下，合力推动基金会发展，分别在制度框架、组织架构、运营管理等各个方面取得了相关进展。GLEIF自成立起采取制度先行的政策，近一年的时间，对外分别与ROC签署MOU、与各LOU签署MA，对内制定并完善内部细则、组织规章等文件。GLEIF的稳定运营对于包括我国在内的各LOU的长期发展具有重要意义。

本地系统（LOU）：2015年，全球LEI体系进入平稳发展阶段，共有28个LOU陆续建成，其中有7个于2015年通过ROC互认（阿根廷、毛里求斯、印度、克罗地亚、沙特阿拉伯、澳大利亚、南非）。2015年通过互认的LOU占已通过互认的LOU总数的25%。截至2015年12月底，全球LEI体系已发布约41.2万余个LEI编码，其中发码量位居前列的分别是美国（19.8万余个）、德国（6.4万余个）、英国（3.7万余个）。

（二）全球LEI体系实施情况

为规范并推动所在国使用LEI编码，部分国家依据本国国情制定相应监管政策，基本上分为强制性、推荐性及计划性使用LEI编码三类。

第一，强制性要求使用LEI编码的机构包括美联储（Federal Reserve）、美国保险监督官协会（NAIC）、美国商品期货交易委员会（CFTC）、欧洲证券与市场管理局（ESMA）、加拿大证券管理委员会（CSA）及澳大利亚证券和投资委员会（ASIC）。此类机构所涉及的数据内容较为重要，LEI编码可更好地保障金融市场交易数据的准确性。

第二，推荐性使用LEI编码的机构包括美国证券交易委员会（SEC）、美国市政证券规则制定委员会（MSRB）、美国商品期货交易委员会（CFTC）、欧洲银行管理局（EBA），此类数据主要涉及一般金融交易与注册类数据，LEI编码可起到一定的辅助作用。

第三，为未来更好地做好信用评级及市场交易数据报告等工作，欧洲证券与市场管理局（ESMA）、美国消费者金融保护局（CFPB）及美国证券交易委员会（SEC）将LEI编码的使用纳入相关计划。

第二节　参与国际标准化工作情况

2015年，我国继续深入参与国际标准化组织，取得积极成效。

一、参与ISO/TC68国际标准工作组情况

（一）ISO 20022 注册管理组（ISO 20022 RMG）

我国参与ISO 20022 RMG工作组的专家（中国人民银行科技司、中国外汇交易中心）积极跟踪和开展各项工作，主要参与审核了由欧洲中央银行提交的"货币市场统计报告（MMSR）"等6项业务请求说明书（BJ）。此外，2015年12月，中国外汇交易中心

代表参加了在日本东京举行的ISO 20022 RMG年会。

（二）ISO 20022外汇业务标准评估组（ISO 20022 FX SEG）

ISO 20022 FX SEG作为ISO 20022下属的五个标准评估组之一，主要负责ISO 20022相关外汇业务报文制定工作。2015年，中国外汇交易中心提交的8条"外汇交易后确认和交易获取"的报文已通过注册机构（RA）的合法性审核，正由ISO 20022 FX SEG进行最终评审，预计2016年初正式注册发布。

（三）移动银行/支付技术标准工作组（ISO/TC68/SC7/WG10）

WG10主要负责ISO 12812《移动金融服务》国际标准编制工作。2015年，我国专家（中国人民银行科技司、中国银联）全程跟踪并参与了该国际标准询问草案阶段（DIS）的内容讨论和意见处理，并根据该工作组内部分工，具体负责了相关标准内容的修订工作。后续，SC7计划将ISO 12812—1和ISO 12812—2至5分别以国际标准（IS）和技术规范（TS）形式推进。

（四）银行业务中的加密算法标准工作组（ISO/TC68/SC2/WG11）

WG11主要负责与金融业务相关的安全标准的制定和维护。2015年，我国专家（中国人民银行太原中心支行、金融信息中心、交通银行）跟踪ISO/TR 14742《金融服务　密码算法及其使用建议》修订及ISO/CD 20038《银行及相关金融服务　密钥包》标准研制情况。同时，我国专家积极与WG11保持沟通联络，探索将符合国家要求的密码算法引入ISO/TR 14742及ISO/CD 20038的可行性和合适时机。

（五）货币代码标准工作组（ISO/TC68/SC7/WG12）

WG12主要负责ISO 4217《表示货币的代码》及ISO 4217《维护指南》的标准制修订工作。2015年，ISO 4217：2015已经正式发布实施。随着本版ISO 4217的修订，其维护机构成员及维护工作规则也有所变更，我国专家（中国农业银行）首次成为ISO 4217维护机构（MA）成员，并积极参与工作规则的讨论。

（六）卡标准技术组（ISO/TC68/SC7/TG1）

TG1主要负责研究ISO 8583《产生报文的金融交易卡交换报文规范》、ISO 18245《金融零售业务　商户类别代码》等国际标准内容，并将上述银行卡支付类报文在ISO 20022中实现。2015年，我国专家（中国人民银行科技司、中国银联）主要参与该工作组在联机报文修订，批量文件、报文应用手册，报文发布前的勘误和修订，以及Token业务、支付安全报文研究等方面的工作。同时，中国银联已完成并提交了基于"银行卡收费差错处理"业务请求说明书（BJ）的报文模型和MDR Part 1初稿，包含15条报文。后续，中国银联将根据注册机构和卡标准评估组的反馈对以上模型和文档进行修改，预计2016年注册发布。

（七）数字货币研究组（ISO/TC68/SC7/SG1）

SG1主要负责评估与数字货币相关的商业需求、可行性及影响，于6个月内形成研究报告，再决定后续ISO 4217国际标准制修订情况。我国专家（中国人民银行货币金银局、中国农业银行）积极参与对数字货币标准化的必要性、数字货币概念定义、数字货币编码分配和维护方案等方面的研究工作，同时参与SG1报告的编制，我国专家提出的意见和建议基本得到采纳。

（八）第三方支付服务供应商特别工作组（ISO/TC68/SC2/AHG2）

AHG2主要研究第三方支付服务供应商相关方面的标准化需求，进而开展该领域相关标准的制定工作。2015年，我国专家（中国人民银行支付结算司、中国人民银行清算总中心、中国金融电子化公司）参与了该工作组会议及研究报告的编写，提供了我国第三方支付服务情况。AHG2报告内容主要包括全球范围内第三方支付服务概况、第三方支付的参考架构和模型、在第三方支付和账户提供者这条供应链之间确立标准的价值和意义等。

（九）机构法律形式（ELF）工作组（ISO/TC68/WG8）

WG8主要负责ISO/CD 20275《金融服务　机构法律形式（ELF）》国际标准的制定工作。2015年，我国专家（中国金融电子化公司、中国银行）积极参与工作组会议及ISO 20275国际标准委员会草案（CD）的编制工作，并在CD阶段投票中提出4条我国意见，基本得到采纳。

（十）语义模型工作组（ISO/TC68/WG5）

WG5主要负责ISO/NP 20022—9《金融服务　金融业通用报文方案　第9部分：语义模型》国际标准的制定工作。该提案的业务范围主要包括：ISO 20022业务模型，与其他金融字典的语义映射，以及团体组织和个人企业采用的ISO 20022 业务模型。2015年，WG5合理规划了该国际标准草案各阶段（CD、DIS、FDIS）的完成时间，并计划于2017

年完成语义模型项目。我国专家（中国人民银行重庆营业管理部、中国建设银行、中国民生银行）积极参与工作组工作，对ISO 20022国际标准内容进行研究，并了解语义模型工作进展情况，供国内相关领域掌握相关信息。

二、我国LEI工作开展情况

我国积极跟踪研究全球LEI体系三个层级（ROC、COU、LOU）工作，及时掌握体系最新发展动态。跟踪人员通过邮件、论坛等形式与外方保持日常联络，并就重要议题与外方积极沟通，提出反馈意见；积极参加各层级的电话会议及现场会议，与外方进行友好交流；同时推动我国LOU建设，做好与全球LEI体系对接的准备工作。

（一）ROC

为跟踪全球LEI体系最高层级进展，为我国LEI编码未来发展方向提出指导建议，我国派专人持续跟踪ROC工作进展。截至2015年12月底，共派员参加ROC及其执行委员会（EC）现场会议4次，听取电话会议6次，听取实际控制人关系工作组（Task Force on Direct and Ultimate Parents of Legal Entities）电话会议13次。

2015年，ROC的工作重点主要围绕以下三方面展开：

一是推动体系平稳过渡。随着GLEIF成立并步入正轨，2015年9月，ROC与GLEIF正式签署MOU，标志着全球LEI体系即将结束过渡阶段。ROC将与GLEIF进行职责分工——ROC将定位为全球LEI体系的政策制定者和宏观管理者，GLEIF将负责全球数据管理和LOU监管。

二是快速推进数据建设。2015年初，ROC成立了实际控制人关系工作组，研究提出第二层参考数据（即关系数据）的建设方案，围绕数据的定义、收集、管理和报送等方面提出具体实施计划。关系数据旨在勾勒法人机构关系网络，是全球LEI体系实现金融交易数据汇聚和风险防控的关键手段。

三是积极研究应用场景。全球LEI体系积极探讨LEI编码在银行业监管（如大额敞口、风险数据聚合及风险报告）、证券业监管（如场外衍生品交易数据聚合）、金融稳定（如倒闭金融机构处置）、跨境资本跟踪、国际收支或跨境投资统计、企业信息或税务统计、反洗钱及反恐怖融资等领域的应用场景。同时，全球LEI体系也在考虑未来主动寻求金融稳定理事会（FSB）和G20的支持，进一步加强LEI编码推广和应用的顶层设计。

（二）COU

2015年，GLEIF作为全球LEI体系的COU，相关工作取得了突破性进展。2015年9月，ROC与GLEIF于北京召开的联合会议上签署了MOU，标志着全球LEI体系从临时阶段过渡到正式阶段。未来，GLEIF将作为COU正式运营全球LEI体系，并且代替ROC实行对LOU的监管及认可。2015年10月，GLEIF在其网站上正式发布《主协议》并启动LOU的认可工作。通过认可后的准本地系统（pre-LOU）将获得认可证书并正式成为全球LEI体系的LOU。

中国金融电子化公司董事长陈波作为GLEIF董事会首届成员，积极参加GLEIF的各次现场会议，并且深入参与了GLEIF建章立制、完善内部管理、统一外部资源等重要工作，促进各项工作取得重要进展。同时，我国设专人跟踪GLEIF工作进展。截至2015年12月底，我国共参加GLEIF董事会全体及分委员会电话会议26次，现场会议3次，通过实质性参与体系发展过程，参考借鉴成功经验，推动我国LOU更好地运营及发展。

此外，2015年9月，我国在北京首次承办全球LEI体系ROC EC会议及GLEIF董事会会议。从会议前期的筹备到会议期间的服务都得到外方的一致好评。此次会议为推动LEI在我国的应用实施发挥了良好作用。

（三）LOU

2015年，各国LOU的建设平稳发展，已有包括中国在内的28个LOU通过国际互认、27个投入运营，全球LEI编码总数已超过40万个。为了做好未来LOU与COU的衔接工作，我国派专人跟踪参与LOU层级工作进展，通过派员参加现场会议及电话会议、对外反馈意见等形式开展跟踪研究工作，主要体现在以下几个方面：

一是参与现场会议，与GLEIF进行面对面交流。2015年1月，GLEIF在英国伦敦召开LOU经理现场会议，主要就《主协议》相关工作向各LOU经理进行通报。我国LOU经理参加了此次会议，并结合我国实际情况，在会议上提出相关意见和诉求，建议GLEIF后续按照运营主体类型不同对LOU区别对待，并提出保证认可工作开展的可行性建议，为我国争取主动。

二是积极按时参与电话会议，跟踪LOU层级工作进展。截至2015年12月底，我国共派员参加LOU电话会议10次，分析研判国际形势，及时应对。本年度LOU电话会议主要是围绕《主协议》及附录磋商过程，GLEIF与各LOU经理进行讨论，并针对《主协议》

中保证与责任、认可工作开展流程等具体事宜进行专题研究。此外，本年度电话会议议题还涉及相关GLEIF数据质量管理工作、GLEIF查重、编码迁移工作手册的制定等相关内容。

三是结合我国实际情况，对《主协议》及其他文档反馈意见。2015年，随着全球LEI体系实施程度的加深，各层面讨论的议题侧重实务，我国LOU由最初的跟踪研究逐步转变为参与研究，对全球LEI体系下发的文件积极反馈意见，主要包括：先后三次对GLEIF制定的《主协议》及认可事宜反馈意见；借助金标委金融国际标准跟踪研究工作组平台，向ROC反馈关于第二层参考数据、个人申请LEI编码等文档的意见。

第三节　金融标准化国际交流

一、ISO/TC68年会参与情况

2015年5月，第34届国际标准化组织金融服务技术委员会（ISO/TC68）年会在加拿大多伦多召开。会议由环球银行金融电信协会（SWIFT）承办，来自30多个国家（地区）以及相关联络组织的代表参加了会议，我国相关专家参会。

（一）ISO/TC68全会

一是研究TC68发展战略。会议决定成立战略研究组，研究TC68的业务和技术范围、覆盖业务领域和功能、委员会范围和结构、主席续任计划及标准宣贯。二是研究TC68国际标准交叉问题。基于法人机构识别编码标准（ISO 17442，LEI）与证券发行和担保人标识代码标准（ISO 16372，IGI）交叉问题，会议决定成立ISO标准交叉问题研究组，对ISO标准编制、采用及过渡周期的利弊和风险进行分析，为类似情况的决议框架提供政策性建议。三是关注云计算技术的应用与发展。考虑到云技术与金融服务的协同作用，会议决定TC68与云计算及分布式应用平台分委会（ISO/IEC JTC1/SC38）建立联络关系，促进TC68未来在相关领域的发展。

（二）ISO/TC68/SC2年会

一是形成金融服务安全框架草案。SC2金融服务安全体系框架工作组编制了金融服务安全框架草案，将金融服务安全由内而外划分了层级：数据、对象保护（动态密码）、授权（加密、LDAP、安全密钥设备）、认证（入侵检测、生物识别令牌、PIN）、局域网安全（防火墙、杀毒、防护）及网络基础设施（入侵检测、兼有生物识别的令牌设备、框架），将SC2标准按上述层级进行归类，同时列出了国际电工委员会第一联合技术委员会IT技术分委会（ISO/IEC JTC1/SC27）制定的标准。二是成立第三方支付服务供应商特别工作组。会议认为第三方支付服务供应商的监管、客户银行卡及隐私信息保护非常重要，决定先成立特别工作组开展前期研究，今后再成立工作组。三是成立高级持续性渗透攻击特别工作组。会议认为高级持续性渗透攻击使金融业面临重大网络安全风险，应成立特别工作组开展前期研究。

（三）ISO/TC68/SC4年会

SC4会议主要基于国家编码机构协会（ANNA）对法人机构识别编码标准（ISO 17442，LEI）与证券发行和担保人标识代码标准（ISO 16372，IGI）的差异性分析报告，决定撤销编制ISO 16372国际标准，成立金融工具标识研究组，研究跨资产类别的金融工具标识前景。

（四）ISO/TC68/SC7年会

一是筹建数字货币研究组。比特币等数字货币可被消费者和商家用于多种目的，已有多个平台支持其购买与套现交易。基于上述情况，从对ISO 4217及ISO 20022适用性的角度进行研究，研究组应于6个月内形成研究报告，根据研究报告，决定后续标准制修订情况。二是就我国《银行业产品说明书描述规范》标准提案与SC7主席及秘书进行沟通。SC7主席和秘书询问了标准中给出的六种标准采用形式的来源和作用，表示欧盟已对银行提出要求以保护消费者，应在提案中"兼容"欧盟要求。

（五）ISO 20022 RMG年会

ISO 20022 RMG上半年年会主要决议如下：一是ISO 20022 RMG将维持其现有伞形组织架构，继续作为ISO 20022注册管理机构，RMG召集人将与TC68主席共同配合ISO中央秘书处就RMG的未来发展进行持续沟通。二是RMG将修改其会员制度及决策制定流程，鼓励更多的市场参与者和利益相关方加入RMG。三是RMG决定成立实时支付特别工作组，并面向各RMG成员及相关国际组织征集专家，旨在协调使用现有的支付报文进行实时支付。

2015年12月，ISO 20022 RMG下半年年会在日本东京召开，中国外汇交易中心代表参会。会议要点主要包括：一是为满足全球OTC衍生品市场监管需求，国际掉期与衍生工具协会（ISDA）提出成立衍生品标准评估组SEG，负责ISO 20022衍生品标准的制定与维护。二是我国参会代表对中国金融标准的管理体系、使用ISO 20022的现状和展望、开发中的ISO 20022报文等进行了介绍，与会代表进一步了解了中国使用ISO 20022标准情况，并提出了相关建议。

（六）ISO/TC68年会启示和建议

我国代表参加本届ISO/TC68年会，对于掌握国际标准化工作最新动态，加强经验交流，介绍和宣传我国金融标准化发展，培养国际金融标准化人才具有十分积极的作用，对未来开展国际标准化工作也带来一定影响。

一是明晰金融国际标准化工作方向。当前国内与国际的金融标准化发展联系越来越紧密，数字货币、第三方支付、金融工具代码标识也是国内金融标准化的工作重点，应积极跟踪国际标准化进度，实质性地参与到国际标准化工作中，表达我国的标准化诉求。

二是继续完善金融国际标准化跟踪研究对口机制。2014年，金标委设立金融国际标准跟踪研究工作组，统筹国际标准化的跟踪工作，为国内金融机构提供与ISO/TC68交流的平台。调动金融机构积极性是做好国际标准化工作、提高国际话语权的根本，因此应进一步拓宽我国金融机构参与国际标准化的路径，支持更多金融机构切实参与国际标准化工作。

三是加强工作组和研究成果管理。金融国际标准跟踪研究工作组进一步明确所派专家在参与国际标准工作中的要求，注重国际跟踪与国内业务对接，做好研究成果的收集、整理、共享，推动不同组织和机构之间开展技术和经验交流，及时将国外先进、成熟的理念引入国内，适时推动国内成熟标准上升为国际标准。

二、其他金融标准化国际交流

2015年，证券分委会选派专家参加了2次国家编码机构协会（ANNA）国际会议，并加大对ANNA等国际组织的跟踪与研究力度，形成《标准研究》3期，系统分析了ANNA最新工作动态及国际标准化工作流程，为国内机构提供了很好的借鉴和参考。保险分委会参加了合作运营研究及发展协会（ACORD）2015年亚洲年会活动，与各国广泛交流标准化成果；参与金标委国际标准化活动，与ISO、BSI中国区等国际标准化组织进行交流探讨。

第三章
金融国家标准和
行业标准应用

- 《银行营业网点服务基本要求》
  等2项国家标准应用
- 《银行业客户服务中心基本要求》
  等3项国家标准制定及实施应用
- 《商业银行内部控制评价指南》
  行业标准应用
- 《金融电子认证规范》行业标准应用
- 《证券期货业信息系统审计规范》
  行业标准应用

金融标准作为促进金融业深化改革、支持金融业务创新发展的重要手段，其制定与实施对规范经营管理、促进金融业务创新、提升监管水平、支持金融业改革发展具有重大意义。2015年，我国共发布金融国家标准9项、行业标准20项，涵盖银行业、银行间市场、金融统计、征信管理等诸多金融新业务领域。本章选取8项金融标准，就其应用与实践进行介绍，供业界参考。

第一节 《银行营业网点服务基本要求》等2项国家标准应用

2015年12月28日，《银行营业网点服务基本要求》（GB/T 32320—2015，以下简称《要求》）、《银行营业网点服务评价准则》（GB/T 32318—2015，以下简称《准则》）两项金融国家标准正式发布。金融业是典型的民生服务业，这两项国家标准的及时制定和有效应用，将有利于保护消费者合法权益，推动银行服务转型升级，做到普惠于民。

一、编制背景

截至2015年末，我国银行营业网点总数达到22.4万个。但由于我国地域经济发展欠平衡，银行营业网点设施及服务水平参差不齐。一是部分网点基础设施落后，导致服务能力较低，用户感受较差。在所有网点中，实现功能分区的营业网点只有12.07万个，装修改造标准化网点只有1.42万个。二是新型网点不断涌现，建设标准缺失。当前，为满足日益多样化的需求，部分银行进行服务创新，设立社区网点4,955个，小微网点1,198个，这些网点在一定程度上满足了老百姓的需求，但是也存在建设不规范、不统一的情况，需要加以改进。三是农村地区的网点建设滞后。一些银行只片面考虑了自身发展的集约化，裁撤了部分农村地区网点，却忽视了农村地区，特别是欠发达地区、偏远山区金融服务缺位的社会效益问题。而且，根据中国银行业协会《2014年度中国银行业服务改进情况报告》，2014年银行柜面综合服务满意度得分为74.64，低于手机银行的83.41、电话银行的77.69以及网上银行的80.43，银行网点服务质量亟待提升。我国旅游、电信等行业的实践证明，开展服务质量评价，有助于摸清服务质量现状及存在的问题，有利于推动各服务主体开展对标和提升工作，是提高服务质量的重要手段。

因此，在适应标准化发展趋势的情况下，两项国家标准的推出将会有助于提升我国银行营业网点服务质量和水平，促进银行营业网点良性竞争，提高消费者对当前金融服务的获得感和满意度。

二、标准内容

《要求》以消费者期望和要求为出发点，以制定与我国国情相符、与百姓期望相协调、与发展趋势相一致的高质量标准为目标，重在规定影响消费者感知和体验的内容，明确了银行营业网点服务环境、服务功能、服务管理、消费者权益保护等内容，有利于保障人民群众享有基本的金融服务。

在服务环境部分，《要求》从网点标识、环境设施和信息公示三个方面，对网点服务环境进行规定。需要说明的是，该标准并未对网点服务环境的非关键内容进行要求，例如保洁管理等，而是选取与消费者最为密切的环节进行规范。

在服务功能部分，《要求》对银行网点的咨询引导服务、自助服务、柜面服务、理财顾问服务、智能服务等五类主要服务的作用、功能和基本要求进行了规定。网点根据实际业务配备情况进行选配，对已选配的服务功能，需遵循标准要求。

在服务管理部分，《要求》从服务制度、服务规范、服务效率等三个方面，对银行营业网点服务管理进行规定。服务制度的目的是推动银行营业网点建立健全客户服务管理制度及服务质量考评机制；服务规范则主要从仪容仪表、服务用语和服务纪律三个方面进行规定，以提高服务人员素质；服务效率则在总结各银行网点提高效率做法的基础上予以提炼。

在消费者权益保护部分，《要求》从客户异议处理、权益保障、服务收费以及金融知识宣传普及四个方面，对涉及消费者权益保护的内容进行统一规定。

《准则》是《要求》的配套标准，遵循服务评价一般规律，在满足银行营业网点服务基本要求的基础上，注重体现网点之间的差异化竞争，规定了银行营业网点服务评价原则、评价内容、评价方式、评价流程、评价指标体系等。标准共提出94项具体评价指标，其中69项基础性指标是所有网点原则上应达到的基本要求，其余25项指标为各网点实现差异化服务提供指导。

《准则》体现了服务特性，从安全性、功能性、规范性、便捷性和舒适性出发，构建相应评价框架，遵循了服务评价一般规律；严守了基本要求，高度重视银行营业网点应达到的基本要求，将这些指标梳理、归纳为评价指标体系的基础性指标，实行"一票否决"；注重了差异竞争，在满足基本要求的基础上，通过设置一系列非基础性指标，力争将不同网点的服务水平差异体现出来，以评价为手段，促进网点"比、学、赶、超"；体现了开放公平，在评价体系、评价程序方面，注重体现开放原则，确保相关利益方参与评价过程。

三、推广应用

两项国家标准将于2016年6月1日开始正式实施，为落实普惠金融发展相关指导意见的政策要求，两项国家标准将采用在开展标准培训的基础上，商业银行自评估和第三方认证相结合等方式推广应用。商业银行自评估的方式主要由商业银行内部发起，结合标准按照其自身对营业网点的管理要求进行评估和改进；第三方认证是商业银行选择具有开展银行营业网点认证服务资质的认证机构，按照标准要求对银行网点开展认证评价，提高网点服务质量，并对通过认证的网点颁发认证证书。

截至2015年底，银行营业网点服务第三方认证体系已经初步建立，部分第三方认证机构参考借鉴国际通行的合格评定方法，即由第三方机构对标准符合性进行量化评价来证实达标情况的做法，对网点标准的认证评价制度和机制进行了研究，并将以"互联网+"为主要手段推动实施工作。

（一）《银行营业网点服务评价细则》（以下简称《细则》）和银行营业网点服务的认证制度、认证流程、开展模式及认证方案已进行了明确和论证

其中，《细则》共含90项指标，每项指标的分值从5分到20分不等，共计 1000分。基础性指标（标记为"▲"）共计 67 项、790分，非基础性指标共计 23 项、210分。在开展模式方面，第三方认证机构创新性地引入线上远程审查、现场抽查和年度认证监督相结合的方式，既保证审查的质量，又降低成本。2016年《银行网点服务认证实施方案》将申请国家认证认可领域的专家评审，之后将正式向国家认监委备案实施。根据国家认监委相关部门的调研，该项标准的推广将成为我国服务认证领域首个较大规模的互联网应用创新案例。

（二）在前期大量调研结果的基础上，选择合适地域开展试点工作

浙江省在小微金融等普惠金融特色服务、经济金融创新等领域较具代表性，同时恰逢G20峰会即将召开，因此，选取在浙江首先开展该两项国家标准的落地实施工作。计划于2016年进行实地调研，第三方认证机构计划对于第一批100家自愿申请认证的银行网点机构采取公益服务的方式，即除实际发生的费用外，不收取认证费用。

（三）全方位的媒介渗透，寻求市场化的正向激励渠道

鼓励第三方认证机构与百度、搜狗等互联网公司进行合作，预计从2016年下半年起将银行网点通过认证审核的具体服务信息在地图中进行加载，便于客户查询，使客户享受到服务信息的便利性和准确性，也使得达标网点能够在互联网上正面展示自己，赢得更多客户。

第二节 《银行业客户服务中心基本要求》等3项国家标准制定及实施应用

2015年12月28日，《银行业客户服务中心基本要求》（GB/T 32315—2015）、《银行业客户服务中心服务评价指标规范》（GB/T 32312—2015）、《商业银行客户服务中心服务外包管理规范》（GB/T 32314—2015）等3项金融国家标准正式发布。金融业是典型的民生服务业，这三项国家标准的及时制定和有效应用，将有利于保护消费者合法权益，推动银行业客户服务中心转型升级。

一、编制背景

我国银行业客户服务中心经过近二十年的高速发展，在人员规模、服务渠道、服务模式及服务内容等方面都发生了显著的变化。如何利用客户服务中心更好地服务金融客户，不仅是商业银行自身所关心的话题，也是社会公众关注的焦点。政府对保护消费者权益的工作高度重视，人民银行、银监会、证监会、保监会均设立了消费（投资）权益保护局（部），旨在加强金融行业的消费（投资）权益保护。

但受经济实力和技术水平等诸多现实因素所限，当前，我国银行业客户服务中心在

基础建设以及运用指标进行服务效率测量和服务效果评价等方面依然存在着较大的个体差异，不仅难以满足国内金融消费者的服务需求，而且在很大程度上也制约着我国金融产业战略的实施和发展，因此迫切需要在该领域发布具备较为完整的建设要求和服务评价指标的规范。

三项国家标准的制定和颁布，填补了我国银行业客户服务中心管理领域国家标准的空白，为银行业相关服务和管理工作提供了基本要求和技术依据，对今后银行业客户服务中心建设和管理奠定了科学基础，同时，将推动银行业客户服务中心将业务发展战略、区域发展战略、服务发展战略落实到每一个环节，促进银行服务水平的提升，使消费者获得满意的金融服务。

二、标准内容

《银行业客户服务中心基本要求》规定了银行业客户服务中心的运营环境、系统架构、人员配备、服务质量、投诉处理等方面的内容，首次提出了客户服务中心关键岗位人员配比率。该标准规范了银行业客户服务中心基本要求的构成和层级，充分吸收借鉴国内银行在客户服务中心建设和运营领域的先进经验，从国内外银行客户服务中心行业最佳实践的角度出发，结合银行业客户服务中心整体战略规划、服务要求、运营条件等实际情况，制定出可以参考、考量并持续改进的客户服务中心基本要求。

《银行业客户服务中心服务评价指标规范》规定了银行业客户服务中心服务评价指标规范及内容、指标体系和指标计算，构建了服务接通率、服务水平和平均应答速度等指标的量化计算体系，将20秒人工接听量作为衡量服务水平的重要指标之一。该标准以银行业客户服务中心评价指标体系的构成和测量为研究目标，充分吸收借鉴国内商业银行在客户服务标准领域的先进经验，参考CC-CMM呼叫中心能力成熟度模型相关概念，结合国内银行客户服务中心行业最佳实践，重点阐述银行客户服务中心运用数字化管理手段，结合本单位整体战略规划、服务要求、运营条件等实际情况，制定出可以比较、测量并持续改进的服务效率和服务质量相关运用指标。

《商业银行客户服务中心服务外包管理规范》从商业银行的实际操作角度出发，针对客户服务活动的外包方面，对外包管理流程中的关键点进行规范，有效提高商业银行的客户服务外包业务执行力。

三、推广应用

三项国家标准将于2016年6月1日开始正式实施，为落实普惠金融相关发展指导意见和政策要求，三项国家标准的落地实施将在各机构对标自查的前提下，以标准内容为核心，组织编写三项标准的培训教材，分批分次对金融行业客服人员进行标准的系统性培训。在此基础上，建立以行业专家为主的评审团队，与第三方认证机构合作，选择部分金融业客户服务中心联盟成员单位进行试点，按照标准开展专家评审及第三方认证，并计划对通过认证的银行客户服务中心颁发认证证书。由于国内客户服务中心领域没有相应的标准认证先例，无可借鉴经验，且各机构的建设规模和管理水平存在较大差异，综合以上因素，将按照以下步骤分阶段推动三项标准的落地工作。

（一）第一阶段：宣传与培训工作相结合

通过《金融电子化》杂志、《金融客服》杂志、《金融电子化》杂志微信公众号以及包括相关金融机构内刊在内的多媒体渠道，系统地宣传标准的主要内容、发布意义、实施重要性等相关内容，让消费者和银行业客户服务中心从业人员对标准有较为清晰的认识，并采用发放调查表、邮件或电话询问等方式对宣传的效果等信息进行收集和分析。

同时，依托金融电子化杂志社在金融业客户服务中心领域的培训优势，分阶段、分层次地对银行业客户服务中心高管、中层干部进行标准的系统培训，力求培养一批学标准、讲标准、用标准的骨干力量，为下一阶段在全行业全面推广标准实施储备深厚的人才基础。

（二）第二阶段：推进与第三方认证机构合作，使标准扎实落地

强化与第三方认证机构的合作，邀请银行客户服务中心领域专家团队，参考国际上在该领域通行的合格评定方法，结合国内银行客户服务中心的实际发展状况，制订评定方案。按照工作要求，在这个阶段，应完成标准认证体系的设计、完善和定稿工作，并初步建成标准认证的工作流程，为下一阶段进行标准认证试点工作奠定好基础。

（三）第三阶段：做好试点工作，积累经验，进一步扩大标准认证的机构范围

一是力争突破对较大规模银行的标准落地实施工作。充分发挥金融业客户服务中心联盟作用，加强三项标准在工商银行、农业银行、中国银行、建设银行、交通银行和邮储银行的宣贯和落地实施，加大对标检查、教材编写、开展培训和标准认证等方面工作力度，有序推进大规模银行三项标准宣贯工作，树立行业标杆影响力。

二是积极关注对中小银行的标准认证工作。中小金融机构发展迅速，有效提高其客户服务中心的服务水平，对推进普惠金融发展有着关键的意义。同时，中小金融机构客户服务中心在建设规模、人员素质方面都比较欠缺，对通过评审、认证等标准落地方式改进工作环境、提升人员素质、提高服务水平的需求强烈，因此，三项标准的实施重点将放在这些金融机构。

第三节　《商业银行内部控制评价指南》行业标准应用

2015年10月21日，中国人民银行正式发布了《商业银行内部控制评价指南》（JR/T 0125—2015，以下简称《评价指南》）金融行业标准，在充分考虑银行业特点的基础上，《评价指南》对商业银行开展的内部控制评价工作做出了统一规范和具体全面的指导，旨在促进商业银行优化内部控制建设，提升风险管理水平和完善公司治理水平，为商业银行健康发展保驾护航。

一、编制背景

2010年4月15日，财政部会同证监会、审计署、银监会、保监会等部门发布了《企业内部控制配套指引》，该指引连同2008年5月22日发布的《企业内部控制基本规范》，共同构建了中国企业内部控制规范体系（以下简称规范体系），标志着我国以防范风险和控制舞弊为中心、以控制标准和评价标准为主体，结构合理、层次分明、衔接有序、方法科学、体系完备的企业内部控制规范体系建设目标基本建成。

银行业是特殊的高风险行业，在国家经济生活中占有十分重要的地位，经济增速放缓的新常态和利率市场化带来的银行利润空间收窄，金融脱媒、互联网金融兴起和监管日趋严格带来的金融业态变革，都催生着银行业加快经营发展转型。同时，宏观经济周期变化和银行推进转型发展的关键时期，也是风险表现更为复杂和问题集中突显的时期，各类风险呈现出集聚传染、共生关联、复杂隐蔽、突发性和破坏性增加等态势，中国银行业遇到了严峻的挑战，更需要修炼内功。因此，构建完善的内部控制体系、提升全面风险管理水平和健全公司治理机制是其稳健发展的重要保障。

作为内部控制的组成要素之一，内部审计部门需要对内部控制的有效性进行评价。然而商业银行在实施内部控制评价过程中，缺乏一套完整、统一、操作性强的评价方法和评价标准流程，监管部门也尚未出台内部控制评价的实施细则。《评价指南》在跟踪国际最新研究成果，借鉴全球最佳评价实践，吸收国际成熟监管理念与技术，遵守信息披露规定的基础上，结合中国工商银行多年内部控制评价实践，建立了一套与国际接轨、符合我国银行业实际的内部控制评价指南和行业标准，旨在实现银行业内部控制评价工作的规范化，促进商业银行内部控制体系的不断完善。

二、内容

根据五部委发布的规范体系、银监会颁布的《商业银行内部控制指引》及《商业银行内部控制评价试行办法》，在充分考虑银行业特点的基础上，制定《评价指南》。

《评价指南》有效地解决了两个方面的问题：在应用方面，《评价指南》建立了商业银行内部控制评价的应用框架，确立了以评价内容为基础，以评价标准、评价程序、评价方法为支柱，服务于评价目标的屋形应用体系（见图3-1），阐明了"由谁评价"、"评价什么"、"如何评价"，以及"评价结果如何运用"等一系列问题。

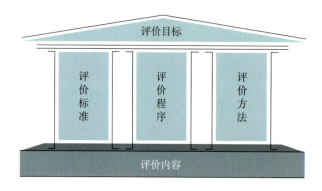

图3-1 服务于评价目标的屋形应用体系

在实务方面，《评价指南》以风险为导向，将内部控制评价的内容定义在内部控制五要素、空间范围和时间范围三个维度的结合体之中。空间范围强调确认银行内部控制的整体效果，包括整个银行集团、银行各层级、各部门以及附属公司的内部环境、风险评估、控制活动、信息与沟通、内部监督；时间范围指内部控制评价所关注的是一个时间段的内部控制效果，即这个特定时间段内的内部环境、风险评估、控制活动、信息与沟通、内部监督的有效性。在具体实施时，内部控制评价则从公司层面、流程层面、信息技术层面开展，实现了内部控制评价的全覆盖。《评价指南》还系统地梳理了各个层面的具体评价领域，对其评价内容、评价程序和评价方法进行全面阐述。

三、推广应用

《评价指南》为推荐性金融行业标准，按照逐步推广的原则，实施计划分为标准宣讲阶段、标准推广阶段、标准运维阶段。

（一）标准宣讲阶段

标准宣讲阶段的主要工作为标准的宣传和讲解。这一阶段，通过下发学习资料以及开展标准宣讲会、标准培训班、标准研讨会等多种形式，加强《评价指南》在金融行业内的宣传，使各银行了解和掌握本标准，确保全行业对本标准的理解一致。标准宣讲阶段为标准正式发布之日起的半年。

（二）标准推广阶段

标准推广阶段的主要工作为标准在全行业的推行。在标准试点阶段工作的基础上，对《评价指南》进行修订，总结相关工作经验，按照循序渐进的原则，逐步推行到全行业和全部与数据规范相关的金融行业标准制定项目。标准推广阶段约为1年。

（三）标准运维阶段

标准运维阶段的主要工作为标准的正常执行和维护。《评价指南》行业标准的修订、更新等维护工作，按照国家和金标委相关规定进行。

四、实施成效

商业银行开展内部控制评价，既是监管部门对于内部控制信息披露的要求，也是董事会和管理层识别风险、加强内部控制的重要参考，为商业银行稳健经营保驾护航。

（一）为银行业实施内控评价提供了统一规范、具体全面的指导

金融业是经营货币的特殊高风险行业，风险管控是银行经营的生命线。虽然五部委发布了规范体系，但这是针对全社会各类企业的指引，金融业理应有适应其自身风险特征和风险规律的内部控制评价体系。《评价指南》充分遵循银行业的风险分布特征和风险管理要求，从内部控制评价的角度，为商业银行防控风险提供了统一规范、具体全面的操作指导，便于银行间的同业比较，也便于银行业的统一实施。

（二）推动银行业内部控制体系、风险管理和公司治理水平的进一步完善和提升

内部控制评价通过确认银行内部控制的健全性和对内部控制缺陷的揭示，评价银行内部控制的有效性，并在此基础上诊断内部控制缺陷的原因，进而提出优化内部控制的建议，督促被评价对象积极整改，这就形成了内部控制体系建设—运作—优化的闭路循环。内部控制评价的有效实施，能推动各专业经营管理部门完善制度建设和优化业务流程，推动各风险管理部门和内控合规部门丰富风险控制手段和提升风险监督水平，更为董事会和高管层提供了银行内部控制的全景式视图，也为银行的稳健经营筑牢了内部防火墙、修炼了内功。

（三）推动银行间的同业交流，树立了国有银行内控评价的行业标杆地位

《评价指南》自向各银行同业征求意见以来，就陆续收到交流取经、宣传讲解、授课讲座等的邀请，在银监会发布《商业银行内部控制指引》之际，中国工商银行第一时间受邀为18家银行讲解"内部控制评价体系建设实践"专题，传播了内控评价的先进做法，更传播了内控文化；到华商银行等银行同业进行授课讲座，收到良好的反响；还与中国农业银行、招商银行、宁波银行、中国人寿集团、浦发银行等十多家金融同业进行沟通交流，推动了银行间在内控评价方面的共享交流。

第四节　《金融电子认证规范》行业标准应用

2015年10月27日，中国人民银行正式发布了《金融电子认证规范》（JR/T 0118—2015，以下简称《认证规范》）。电子签名技术作为金融信息安全保障手段，其基础设施的规范运营至关重要。《认证规范》在充分考虑金融行业特点的基础上，对金融行业的电子认证服务业务做出了统一规范和具体指导，对我国金融行业的信息化长远健康发展具有重要意义。

一、制定背景

随着我国金融业网上银行等信息系统发展，金融业采用多种安全技术措施，实现客

户身份认证、交易抗抵赖、数据保密和完整性保护，保障网上银行等在线交易系统的安全性，其中应用最为广泛也最为安全有效的手段是电子认证技术。调查显示，提供网上银行服务的金融机构，使用电子认证技术的约占98%。金融行业使用电子认证技术的情况较为复杂，中小银行大多使用第三方认证机构提供的电子认证服务，部分大的金融机构因历史原因，延续使用自建电子认证系统服务，认证系统建设及运营的情况各异，为推动金融行业电子认证技术健康、有序发展，亟待制定一套统一标准，以提供有力指导和支撑。

《认证规范》是在《中华人民共和国电子签名法》体系下，依据《电子认证服务管理办法》的总体要求，在参考《基于SM2密码算法的证书认证系统密码及其相关安全技术规范》（GM/T 0034—2014）等相关标准、规范的基础上，针对金融业的特点而制定的。《认证规范》的制定有助于规范金融行业电子认证基础设施和应用技术，充分发挥电子认证服务对金融信息安全的基础保障作用，提升行业应用安全水平，有助于防范交易风险，保护公众的切身利益。

二、主要内容

《认证规范》明确指出，向金融行业提供服务的认证机构应符合法律法规要求，获得有关行业主管部门的相关许可，符合相关主管单位监管要求，并且明确了提供认证服务时，认证机构对于个人、机构客户进行身份识别与鉴别的规范性要求。重点明确了数字证书命名要求、证书生命周期管理、授权管理、技术安全控制和数据验证服务等方面的内容。针对安全管理，明确对认证系统的管理要求、关键资料的归档管理要求、认证业务持续性保障要求、风险评估要求及认证业务终止等方面的要求。同时也对电子认证技术的应用机构，从数字证书业务的办理、数字证书与应用的关联、数字证书安全防护、电子认证技术的实现、数字证书应用于业务系统的规范性方面给出了指导。

三、推广应用情况

《认证规范》发布后，已有多家自建电子认证系统的金融机构对照规范，梳理不足，并进行完善。工商银行、农业银行、建设银行、交通银行、招商银行、平安银行、农信银资金清算中心等机构申请并通过了国家密码管理局的安全审查，对提高金融行业安全风险控制水平起到了显著的促进作用。

（一）电子认证在网银中的应用

在金融行业网上交易过程中，网银用户身份必须真实可靠。在网银用户开户时，银行采用面签方式进行身份鉴别，确认网银用户身份的真实性后，使用验证过的用户身份信息申请一张数字证书，并将数字证书存储在智能密码钥匙中，保证数字证书密钥的安全性。在登录网银时，客户插入智能密码钥匙，网银系统对智能密码钥匙中的数字证书进行验证，达到网银用户身份认证的目的；通过网银客户端与服务端建立SSL安全连接，实现双向身份认证和交互信息的加密，防止网络欺诈及信息泄露；同时使用数字证书对交易信息进行签名，防止交易人抵赖交易行为以及交易信息被篡改。网银应用需要规范使用电子认证技术，比如交易对证书撤销列表（以下简称CRL）信息及CRL有效性进行校验、对数字证书的颁发者及数字证书的有效期进行校验、对时间戳的有效性进行校验、对数字证书的密钥用法进行校验，以发挥电子认证技术的优势。我国金融行业已有98%的网银在使用第三方电子认证服务保障网银交易安全可靠。

（二）电子认证在金融行业电子合同中的应用

近年来P2P信贷发展迅猛。P2P信贷主要通过平台向借贷双方提供投融资服务。使用电子认证技术签署电子合同，既能保证合同签署人的真实性，又能确保合同签署内容未被篡改，符合《电子签名法》的规定，与传统的合同签署具有同样的法律效力。P2P信贷企业利用电子签名技术，有效降低了P2P信贷企业人员成本，提高了客户借贷款整体体验，又节省了传统纸质合同的保存成本，降低了业务风险，因此电子认证技术在P2P信贷等互联网金融行业得到广泛的应用。

近年来，电子认证技术也在金融行业中的消费金融、直销银行、在线理财等应用中获得了广泛应用。

四、总结和展望

《认证规范》的出台，对我国金融行业电子认证机构实施标准化、规范化管理，提高整个行业的技术水平、安全管理水平与服务水平有极大的帮助，为金融电子认证行业规范发展奠定了坚实的基础。面对不断变化的国内外金融环境，尤其是移动金融等技术的迅猛发展，金融电子认证技术也应与时俱进。相关行业方面深入研究新情况、新问题，不断完善金融认证体系，建设统一、安全可控的金融电子认证服务系统，不断规范认证服务市场，提高服务水平，促进金融电子认证行业健康、有序发展。

第五节　《证券期货业信息系统审计规范》
行业标准应用

2014年12月，中国证监会正式发布了《证券期货业系统审计规范》（JR/T 0112—2014，以下简称《审计规范》）金融行业标准，指导和规范了证券期货业信息系统审计工作，促进了信息系统安全稳定运行、系统建设廉洁高效。以下分别从《审计规范》的编制背景、规范内容、实施成效等方面进行介绍。

一、编制背景

信息系统审计是运用审计方法对信息系统进行检查的有效措施，是促进信息系统安全稳定运行、系统建设廉洁高效的重要保证。2008年，财政部、证监会、审计署、银监会、保监会共同印发了《企业内部控制基本规范》，明确要求企业加强内部审计工作，保证内部审计机构设置、人员配备和工作的独立性。2010年，财政部发布《企业内部控制应用指引》，明确了信息系统内部控制的主要对象由计算机硬件、软件、人员、信息流和运行规程等要素组成。

实施信息系统审计是落实行业信息安全监管的需要，证券期货业信息化工作领导小组多次强调，要在全行业开展信息系统审计工作。

同时，制定《审计规范》是证券期货行业机构开展信息系统审计的需要。按照国家和行业的相关要求，证券期货行业机构积极开展了信息系统审计工作，从实践情况看，存在以下突出的问题，迫切需要制定符合证券期货业实际情况的信息系统审计规范。一是审计活动不规范。虽然《中国内部审计准则》等相关规范对如何开展信息系统审计提出了指导性意见，但多数行业机构在具体实施信息系统审计工作时，对审计组织、审计内容、审计过程、审计结果应用等仍感到缺乏可操作性强的指南。二是对审计要求掌握不全面。近年来，国家和行业发布了大量的信息安全规范和标准，多数机构受限于有限的信息技术人员和资金投入，难以全面了解相关要求，导致审计的广度和深度不够，不能及时发现安全隐患。制定《审计规范》有利于指导和规范行业从组织和内容两个方面开展信息系统审计工作。

二、规范内容

证券期货业信息系统审计包括三个方面，分别是系统运行安全审计、系统建设合规审计和系统应用绩效审计。

一是系统运行安全审计。安全审计重点关注系统运维风险，通过审查和评估交易、结算、行情、通信等重要业务信息系统的安全性，及时发现运行风险隐患。审计项来自国家和行业颁布的信息技术法规、标准、指引和规则，主要包括信息安全制度、机房、网络和系统等方面。

二是系统建设合规审计。合规审计重点关注系统建设违法违规风险，通过审查和评估在采购电子产品、建设信息系统项目、运行维护信息系统等活动中，本机构相关人员是否存在舞弊行为，及时发现违法违规风险隐患。审计项来自通行的信息系统招投标制度、财务预算制度等，主要包括需求分析、可行性论证、预算制定、项目立项、项目采购、项目招标、商务谈判、供应商管理、合同管理、项目验收、钱款支付等方面。

三是系统应用绩效审计。绩效审计重点关注信息系统能否有效发挥作用，通过审查和评估已建成信息系统的经济效益和使用情况，及时发现资源浪费等风险隐患。审计项来自通行的信息系统绩效评价方法，主要包括系统功能性能是否达到预期目标、经费使用是否合理有效、用户对系统是否认可等方面。

三、实施成效

（一）建立了证券期货业信息系统审计的框架

《审计规范》从内容和组织两个层面，建立了证券期货业信息系统审计框架。从内容方面看，《审计规范》全面梳理了近年来证券期货行业出台的IT治理、网上交易安全、备份能力建设、运维管理、应急管理、信息安全等级保护等一系列技术法规，按照从严的原则，对证券期货业信息系统提出了明确技术要求。从组织方面看，《审计规范》将审计过程分为审计准备阶段、审计实施阶段和审计终结阶段，明确了各个阶段的参与主体、主要任务和具体工作。

（二）开展了证券期货业信息系统审计培训

近年来，中国证券业协会、中国期货业协会和中国证券投资基金业协会积极开展行业信息技术培训，从信息技术治理、技术管理、信息安全、网络攻击防范、信息系统审计等方面对行业信息技术人员进行了培训。其中，信息系统审计培训介绍了《审计规范》的编制背景、编制原则、编制过程、主要内容，以及审计组织、审计实施、审计结果应用等操作指南。下一步，将随着《审计规范》的定期修订，及时组织相关的专题培训。

（三）证券期货业信息系统审计工作有序开展

在《审计规范》和《证券期货业信息系统审计指南》（以下简称《审计指南》）的起草制定过程中，证监会在每年开展的全行业信息安全检查工作中，对《审计规范》和《审计指南》进行了试点，并根据试点中发现的问题对《审计规范》和《审计指南》进行了修改完善。近年来，证监会在全行业信息安全检查工作中，采用行业机构自我审计、审计结果入库备查、监管部门抽样核查的方式，积极引导行业机构自主开展信息安全审计，逐渐实现信息安全工作从"要我做"到"我要做"的转变，为探索信息安全监管方式转型奠定了基础。检查发现，核心机构和经营机构依据《审计规范》，大力加强信息技术治理等制度建设，规范开展机房管理、网络管理和运维管理，信息系统安全等级保护二级及以上系统的数据库、主机、应用等管理比较规范。下一步，证监会将配合《审计指南》，进一步规范审计依据和审计步骤，并持续推动核心机构和经营机构开展信息系统审计工作。

第四章
金融企业标准化

- 《中国人民银行数据生命周期管理技术规范》
- 《应用系统 非功能需求》使应用开发疏而不漏
- 数据标准化引领重庆银行跨入数据化时代
- 中国人民保险集团统一信息安全策略标准构建基于全生命周期的主数据标准管理体系
- 标准化助推蚂蚁金服生态建设

金融标准化工作的主力军一直是国内大中型金融机构，近年来，中小金融机构和非金融机构越来越重视金融标准化工作，并积极开展标准化建设，提升市场竞争力；行业协会、学会等团体组织也积极开展金融标准研究制定工作，以标准作为管理、协调工作的重要手段。本章重点选取了大型国有银行、中小金融机构及非金融机构等标准化建设实践，多角度展现企业的标准化成果，为开展有关标准化工作提供借鉴。

第一节　《中国人民银行数据生命周期管理技术规范》

人民银行实施数据大集中以来，业务数据量大规模增长，特别是随着各类业务的快速发展，生产系统性能出现下降趋势，部分系统运行速度明显降低，一定程度上影响了业务办理，数据的管理和维护也产生诸多问题。为有效解决数据量持续增长带来的诸多问题，人民银行开展了人民银行数据生命周期管理课题的研究。

一、编制背景

通过数据生命周期管理课题研究，人民银行最终编制发布了《中国人民银行数据生命周期管理技术规范》（以下简称《技术规范》）。该规范明确了业务系统数据的生命周期，对人民银行业务系统数据存储进行了科学的、统一的分类，从而提高了人民银行应用系统运行效率，保证了应用系统健康高效运行，降低了运行和维护成本。

二、规范内容

《技术规范》明确了人民银行数据生命周期管理的职责要求、阶段划分方法、实施步骤以及管理要求，为人民银行信息系统建设工作提供指导。

（一）职责要求

1. 管理分工。人民银行总行科技管理部门负责规范的制定、解释和修订，并组织相关部门和单位开展总行统一开发推广应用系统的数据生命周期管理工作。人民银行各分支机构科技部门负责组织本级行和辖内机构自建应用系统的数据生命周期管理工作。

2. 需求分析。用户单位负责提出应用系统数据生命周期管理需求。

3. 设计开发。项目承建单位负责应用系统数据生命周期管理的设计、开发工作，具体包括：分析应用系统的数据生命周期管理需求，设计并实现应用系统的数据生命周期管理方案。

4. 系统测试。测试单位负责应用系统测试工作，项目启动阶段应对数据生命周期管理方案的合理性和可行性进行测试，项目后期对数据生命周期管理方案的实现进行测试，并出具测试报告。

5. 运行维护。运维单位在应用系统运维工作中，对应用系统数据生命周期管理进行日常运行维护，并出具运行情况报告。

（二）阶段划分方法

1. 概述。人民银行数据生命周期分为四阶段：在线阶段、近线阶段、离线阶段、销毁阶段。人民银行所有系统的数据必须有在线阶段，近线、离线和销毁阶段是可选阶段。

在线阶段：该阶段的数据处于创建或频繁使用期内，使用频率高，业务响应时间要求高，数据直接用于维持人民银行应用系统正常运转以及人民银行业务活动正常进行。

近线阶段：该阶段的数据已过频繁使用期，仍处于使用期内，使用频率较低，业务响应时间要求较低，数据直接用于维持人民银行应用系统正常运转以及人民银行业务活动正常进行。

离线阶段：该阶段的数据已过使用期，仍处于保存期内，基本不再被使用，但仍具有保存价值。

销毁阶段：该阶段的数据已过保存期，不再具有保存价值，可以进行销毁。

2. 应用系统类别。人民银行应用系统分为核算类、信息类、办公管理类和技术服务类。核算类指以核算类业务为主，主要定位于提供资金核算服务的系统；信息类指以信息处理为主，数据主要来源于人民银行内部或外部机构，为人民银行内部或外部机构提供服务的系统；办公管理类指以满足日常内部办公管理需要，主要为人民银行内部工作人员提供公文管理、事务管理、信息服务、协同办公等服务的系统；技术服务类指为核算类、信息类和办公管理类系统提供通用技术服务的系统。

核算类系统数据又可分为核算主体类、凭证类、账簿类、辅助类、报表类、参数类、用户类和日志类；信息类系统数据可分为业务主体类、业务信息类、辅助类、报表类、参数类、用户类和日志类；办公管理类系统数据可分为文档类、综合事务信息类、参数类、用户类和日志类；技术服务类系统数据可分为原始数据类、加工数据类、参数类、用户类和日志类。

《技术规范》规定了以上数据类型的在线、近线、离线和销毁四个阶段的默认期限。

（三）实施步骤以及管理要求

实施数据生命周期管理的主要步骤如下：（1）确定数据生命周期管理需求；（2）划分数据生命周期阶段；（3）设计数据生命周期管理方案。

数据存储方案应至少明确：数据存储期限、数据存储容量、数据存储介质要求。

原则上，数据存储介质应符合下述要求：应用系统中在线阶段数据应存储在高速存储设备中；应用系统中近线阶段数据应存储在中高速存储设备中；应用系统中离线阶段数据应存储在中低速存储设备中。

三、应用实践情况

（一）从制度规范、责任划分、系统工具、日常管理各方面开展相关工作，形成专业化的工作机制

2015年，《技术规范》正式发布，为人民银行开展数据生命周期管理提供了有力指导。该规范明确了各级单位在开展数据生命周期管理工作中每个环节的职责，包括管理分工、需求分析、设计开发等，减少了管理上的障碍，提高了工作效率。

在系统工具方面，人民银行建设了数据生命周期管理系统，为人民银行各业务数据的迁移、归档、查询提供了统一的平台，大大减少了业务系统的资源浪费，优化了存储结构，有效控制了在线数据规模，提高了生产数据的访问效率。数据生命周期管理的业务流程和数据流向见图4-1和图4-2。

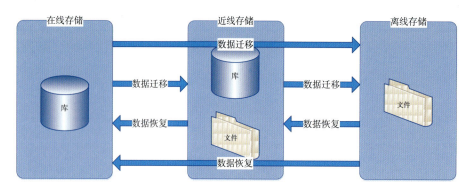

图4-1　数据生命周期管理业务流程图

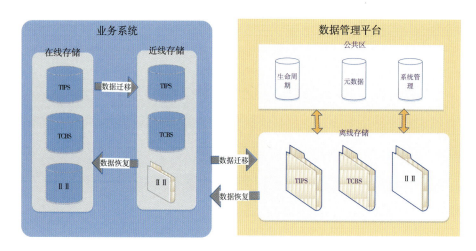

图4-2　数据生命周期管理数据流向图

在日常管理中，将《技术规范》纳入《中国人民银行软件开发规范》，要求各个业务系统必须遵循数据生命周期管理的原则，建立归档机制，按照在线、近线和离线阶段对数据进行划分，并分别使用不同档次存储设备进行存储，保证较高优先级数据使用较高速存储设备。

（二）全面推广实施，提高了人民银行系统运行效率，确保了系统稳健高效运行

《技术规范》已经在人民银行总行及分支机构推广实施，人民银行总行及各分支机构现有系统升级改造及新建应用系统都需规划本系统的数据生命周期管理。截至2015年底，人民银行数据生命周期管理系统提供了ODS库的TIPS数据及TMIS系统的数据生命周期服务。两个系统实施数据生命周期后，减少了在线阶段的数据量，运行效率得到了有效提高，业务处理时间有效缩短，系统运行更加稳健高效，同时两个系统改变了以往根据磁盘容量迁移数据的情况，减少了因数据保留时间不当而出现的应用风险。未来将对

会计综合、国库监管、二代TIPS有序实施数据生命周期管理，全面提高人民银行数据管理工作的统一性、系统性、全面性和科学性。

第二节　《应用系统　非功能需求》使应用开发疏而不漏

应用系统除了要实现业务所需的功能外，还存在着非功能需求，随着应用系统使用范围的扩大、用户和交易量的增加等，这些非功能需求往往会对应用系统正常发挥作用产生较大甚至关键的影响。但这些非功能需求在应用系统的需求、设计和构建过程中，往往引起的关注程度不够，对非功能需求的描述不系统、不规范，可能导致应用系统不能发挥其预定的作用从而对业务产生负面的影响。

中国农业银行历经三年努力，系统全面地整理了应用系统非功能需求，于2015年初发布了《应用系统　非功能需求》（Q/ABC 42—2015）共九部分企业标准，并开发了配套的编制模板，为应用系统非功能需求的设计、编制、统计、比较和分析奠定了基础。

一、应用系统非功能需求的基本概念

按照ISO/IEC/IEEE 24765：2010《系统与软件工程—词汇》（Systems and software engineering-Vocabulary）的界定，应用系统是支持某业务目标的自动过程和数据的相互耦合的聚集。一般来说，往往将"对规定了产品或过程必须要实现以产生所需的行为和（或）结果的陈述"作为需求，实际上，这仅仅是功能需求，即说明了要做什么，不提及的不会去做，也不能做。而非功能需求则是描述了应用系统怎样做而不是做什么的需求，这些需求是伴随着功能需求的。

二、应用系统非功能需求标准的目的和作用

编制应用系统非功能需求企业标准的主要目的，是确立一种非功能需求的描述方式，使相关人员明晰非功能需求的概念，了解应用系统非功能需求的模型和组织层次，明确非功能需求的标识和描述方式，能够以标准为基础编制出符合本系统需要的非功能需求，并实现同类系统进行非功能需求的比较。

按照本标准进行应用系统非功能需求管理，使用者不仅可以在需求设计阶段通过选择和填空的方式编制非功能需求，也可以在开发阶段、测试阶段、运维阶段由不同角色应用发起编制非功能需求。在标准应用一段时间后，管理者可收集不同种类应用系统的非功能需求指标库，也可对同类应用系统的非功能需求进行比较，研发者可统计非功能需求的实现成本以便对开发工作量进行预估，使得非功能需求管理的科学性显著增强。最重要的是，如果在需求阶段全面、系统、规范地编制出非功能需求，可大幅提高最终开发出来的应用系统质量。

三、应用系统非功能需求的主要技术内容

（一）非功能需求的描述模型

本标准参照ISO/IEC 15408:2009《信息工程　安全技术　针对IT安全的评估条件》（Information technology-Security techniques-Evaluation criteria for IT security）系列标准（即Common Criteria for Information Technology Security Evaluation，简称CC标准，现已经采标为GB/T 18336.1—2015《信息技术　安全技术　信息技术安全评估准则　第1部分：简介和一般模型》）中的概念和描述方式，将应用系统的非功能需求采用层次分类法划分为不同的非功能需求类，并进一步划分为族、组件和元素。每个非功能需求类的描述方式见图4-3。

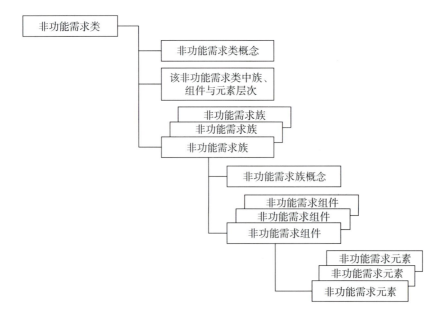

图4-3　非功能需求类的描述方式

其中，每个非功能需求类单独构成企业标准的一部分，每个非功能需求类和族的概念都单独给出，非功能需求组件不再单独给出概念。

（二）非功能需求类的划分

本标准参照了ISO/IEC 25010:2011《系统和软件工程 系统和软件质量需求与评估 系统和软件质量模型》（Systems and software engineering-Systems and software Quality Requirements and Evaluation（SQuaRE）-System and software quality models）对软件产品质量特性的划分方式，将非功能需求类分为功能适合性、性能效率、兼容性、易用性、可靠性、安全性、可维护性和可移植性，每个类划分的族如图4-4所示。

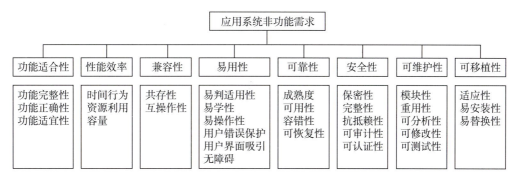

图4-4 应用系统的非功能需求层次模型

其中，功能适合性与系统的完整、安全相关，指可能在开发初期关注不足的功能需求，例如用户组及权限。

（三）非功能需求的标识

为了将非功能需求进行条目化管理以便于通过信息化方式处理，非功能需求采用唯一的简化方式进行标记，格式为："类缩写" + "_" + "族缩写" + "." + "组件编号" + "." + "元素编号" + "." + "元素值序号"。

类缩写与族缩写见表4-1。

表4-1 非功能需求的类缩写和族缩写

类名称	类缩写	族名称	族缩写
功能适合性（functional suitability）	FS	功能完整性（functional completeness）	FCP
		功能正确性（functional correctness）	FCR
		功能适宜性（functional appropriateness）	FAR
性能效率（performance efficiency）	PE	时间行为（time behaviour）	TBH
		资源利用（resource utilization）	RUL
		容量（capacity）	CAP

类名称	类缩写	族名称	族缩写
兼容性 （compatibility）	CP	共存性（co-existence）	CEX
		互操作性（interoperability）	IOR
易用性 （usability）	UA	易判适用性（appropriateness recognizability）	ARG
		易学性（learnability）	LRN
		易操作性（operability）	OPR
		用户错误保护（user error protection）	UEP
		用户界面吸引（user interface aesthetics）	UIA
		无障碍（accessibility）	ACS
可靠性 （reliability）	RL	成熟度（maturity）	MAT
		可用性（availability）	AVL
		容错性（fault tolerance）	FTR
		可恢复性（recoverability）	RCV
安全性 （security）	SE	保密性（confidentiality）	CFD
		完整性（integrity）	ITG
		抗抵赖性（non-repudiation）	NRP
		可审计性（accountability）	ACN
		可认证性（authenticity）	AUT
可维护性 （maintainability）	MN	模块性（modularity）	MDL
		重用性（reusability）	RUS
		可分析性（analysability）	ANA
		可修改性（modifiability）	MDF
		可测试性（testability）	TST
可移植性 （portability）	PT	适应性（adaptability）	ADP
		易安装性（installability）	INS
		易替换性（replaceability）	RPL

注：某些类和族在不同的文献中可能有不同的翻译方法，只要其英文是一致的，则可认为是同一概念。

（四）非功能需求组件的操作和描述方式

本标准描述非功能需求，在使用时应根据实际情况进行标准允许的操作，包括以下内容。

重复：允许一个组件在相关内容变化时被使用超过一次以上。可在每个组件中使用，以实现基于同一组件提出不同方面需求的目的。组件每次重复操作的结果均应产生一个新的非功能需求。

赋值：允许指定参数。赋值操作是确定应用系统非功能需求最主要的方式。赋值的内容可能没有给出限制，也可能需在一个给定的范围内明确特定的值。

选择：允许从一个列表中选定一项或多项。选择操作也是确定应用系统非功能需求的方式。选择将说明是单选还是多选，在多选时应说明各选项间是"与"还是"或"的关系。在遇到有选择操作的非功能需求时，应用者均应完成选择。

细化：允许增加细节。细化操作可在每个组件中使用。细化操作的基本规则，就是应用系统在满足了细化的非功能需求后，还能够满足原始的非功能需求，也就是说，细化操作后的非功能需求比原始需求更"严格"。若不能满足这一规则，则应视做对非功能需求的扩展而不是细化。

赋值和选择操作仅在组件中明确带有相应操作时才允许，而重复和细化操作则对所有的组件都允许。

（五）非功能需求的扩展

在本标准给出的类、族、组件和元素不能满足对应用系统非功能需求的描述时，标准的应用者扩展时所涉及的概念不应与现有的类重叠，规则扩展如下：

扩展类时，应给出族、组件和元素，即便一个类仅有一个族，一个族仅有一个组件，一个组件仅有一个元素也应给出；类的缩写不应与标准中现有的类冲突；类应给出术语定义。

扩展族时，应明确所属类，给出组件和元素，即便一个族仅有一个组件，一个组件仅有一个元素也应给出；族的缩写不应与标准中现有的族冲突；族应给出术语定义。

扩展组件时，应明确所属类、族，给出元素，即便一个组件仅有一个元素也应给出。

扩展元素时，应明确所属类、族、组件。

（六）其他相关技术内容

明确了XML模型的表示方式。按照给定的表示方式，易实现信息系统支撑的非功能需求编制，即在大多数情况下，将编制非功能需求变为通过信息系统完成上述填空、单选、多选、重复操作，仅对特殊需求才需要编制一小段文字，以完成必要的赋值和细化操作。

明确了版本管理的方式，通过《信息技术 文档版本标记规范》（Q/ABC 39—2014），确保非功能需求在全手工编制的情况下，版本得到有效的控制。

对应用系统中涉及的代码与编码，通过《应用系统　代码与编码指南》（Q/ABC 40—2014）明确了业务编码与应用系统处理的关系，在确保业务含义的同时，保证了代码和编码的一致性和可扩充性。

四、应用系统非功能需求的应用情况

企业标准《应用系统　非功能需求》组织过两轮推广试点实施，已在质量管理的制度中明确，作为应用系统质量考量的基础。

第一轮试点有7个应用系统参加，应用系统种类涵盖了核心业务类、经管类、渠道类等不同种类，服务对象包括外部客户和行内人员，开发主体包括总行开发系统、分行开发系统，所有试点应用系统均按照既定的进度安排编制出有效的非功能需求文档。

第二轮试点选取了7个总行开发的应用系统，在编制完非功能需求文档之后，又组织备援测试中心对非功能需求元素逐条进行可测试性评估，由于标准提出了"不确定"、"不适用"、"未考虑"等扩展选项，经验证，第二轮试点系统也能按照模板编制出符合要求的非功能需求文档，验证了本标准的可行性和兼容性。

为了非功能需求编制的便利性，农业银行还利用WPS ET表格制作了非功能需求编制模板，模板已将标准里的非功能需求元素条目化列出，应用者通过回答类似调查问卷的填空题、选择题、简答题即能编制出符合需要的非功能需求文档，且能自动生成为XML文档，以便于软件处理。

第三节　数据标准化引领重庆银行跨入数据化时代

随着信息化金融的兴起，数据化时代已经来临，数据对提升客户服务水平的重要性日趋凸显，能充分利用数据价值已成为企业核心竞争力的标杆。重庆银行充分意识到标准化、规范化的数据资产在推动企业经营创新上的重要意义，将数据标准化工作纳入企业IT规划及新资本管理规划中，制定了适用于重庆银行的基础类数据标准（1,500个信息项、12,579个代码），完成了7个主题约324个信息项的数据标准落地工作，形成了195条数据质量检核规则库等，积极启动并实施了数据管理体系建设咨询、数据仓库、风险数

据集市等一系列项目，建立了重庆银行数据管理体系架构和集团级数据仓库平台，为重庆银行踏上数据标准化推动创新经营的道路奠定了良好的基础。

一、数据标准体系建设概述

近年来，为支持各项金融业务发展，提高管理效率，重庆银行陆续建设了一系列信息系统，如核心业务系统、中间业务系统、电子渠道类系统、管理信息系统等。这些信息系统在长期使用中积累、沉淀了大量的业务和管理数据，如客户资料、产品信息、交易明细、财务数据等。数据既是银行的关键信息，也是核心资产，在客户服务创新、风险管理、绩效管理、财务管理等各方面工作中发挥着越来越关键的作用。如何采用标准化的思维管理好数据、应用好数据、挖掘数据价值已成为重庆银行加快业务创新、提高精细化管理和科学决策水平的最重要基础工作之一。

为满足新资本达标标准，使数据本身以及围绕数据所进行的活动得到必要的管控，重庆银行积极开展数据标准化工作，2012年至今，相继启动了数据标准咨询项目、数据仓库、数据集市落地项目，从数据规划管理入手，建立数据管理体系、制定数据标准、确定数据质量提升方法，并最终将数据的管控目标、责任、考核联系起来，构建了有效的数据标准服务、沟通、反馈机制，形成一个闭环管理流程（见图4-5）。

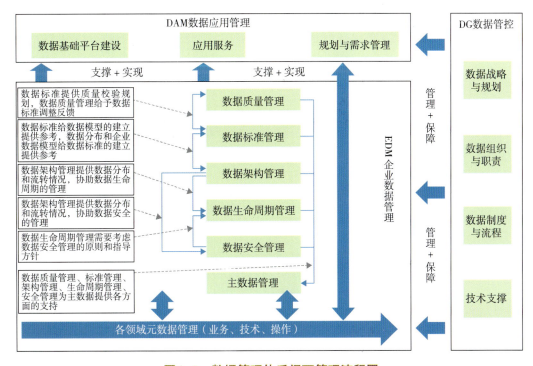

图4-5　数据管理体系闭环管理流程图

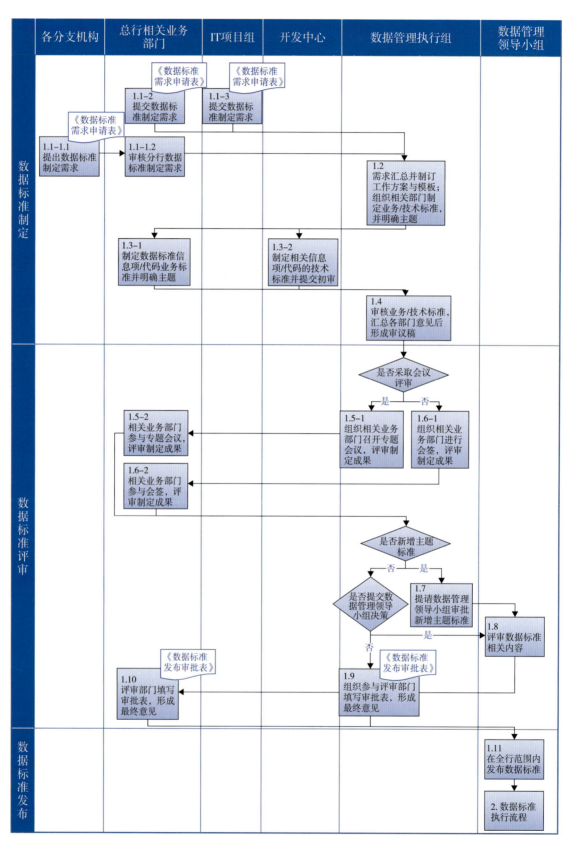

图4-6　数据标准制定、评审与发布流程

二、数据标准体系建设内容

（一）数据标准体系建设流程

2012年重庆银行启动"数据管理体系建设咨询项目"，历经8个月，通过全行21个部门的积极配合，形成了共5个领域的14项咨询成果，主要包括数据管理体系规划、数据质量体系规划、数据标准建设、数据质量提升试点、数据管理工具规划。《重庆银行数据标准管理办法》对重庆银行数据标准的制定、评审、复审、发布、变更等流程进行了明确和规范，是重庆银行数据标准体系的重要制度保障。数据标准制定、评审与发布流程见图4-6。

（二）建设基础类数据标准

通过多年的努力，重庆银行形成了第一套企业基础类数据标准，包括客户、产品、协议、交易、渠道、地址、资产、财务、营销、组织十个主题以及通用代码，共计1,500个信息项、12,579个代码（见表4-2），基本覆盖了重庆银行业务开展过程中的主要业务领域和环节，为规范重庆银行基础数据、保障基础数据质量提供了有力的管理手段。

表4-2　重庆银行数据标准十大主题

主题	信息项总数	代码总数
客户主题	219	624
产品主题	208	502
交易主题	90	198
协议主题	387	1,066
财务主题	83	62
资产主题	362	544
地址主题	29	8,868
组织主题	74	382
渠道主题	16	32
营销主题	32	301
总计	1,500	12,579

（三）制订数据标准落地方案

要实现数据标准的价值，在系统中落地执行是关键。重庆银行专门制订了《重庆银行数据标准落地方案》，标准落地工作采用"以新改建系统建设为契机，其他已建系统配套落地"的策略，要求新建及重大改建系统（需要改造系统内数据结构、表结构、数据模型或涉及接口改造的项目）严格遵循数据标准，并将数据标准落地要求贯穿于采购招标、需求分析以及系统设计、开发、测试的整个过程。对于现存运行系统，逐步实施更新换代，最终实现全部业务系统数据标准化。

（四）拓展数据标准化应用场景

2015年，重庆银行启动了新资本达标项目群之一的"数据集中管理平台项目（一期）"，建设内容包含建立数据仓库、风险数据集市、管理驾驶舱，主要为风险类评级应用（零售评级、非零售评级、RWA风险加权资产系统）提供数据支撑。该项目作为数据管理咨询项目实施的第一步，有力地推动了数据标准落地工作的有序开展。项目组已完成与行内数据标准的对比梳理和优化调整工作，本期项目主要涉及7个主题约324个信息项的数据标准落地工作。

为了实现重庆银行以数据管理、数据分析、数据应用为主线的数据平台规划蓝图，在借鉴行业成功经验的基础上，项目组对重庆银行数据集中管理平台的数据模型架构设计了4个层次：源数据区（ODS）、基础数据区（FDM）、汇总数据层（ADM）和数据集市区（DM），通过数据模型的层次化设计来满足不同层次的需要。重庆银行数据集中管理平台的逻辑架构设计如图4-7所示：

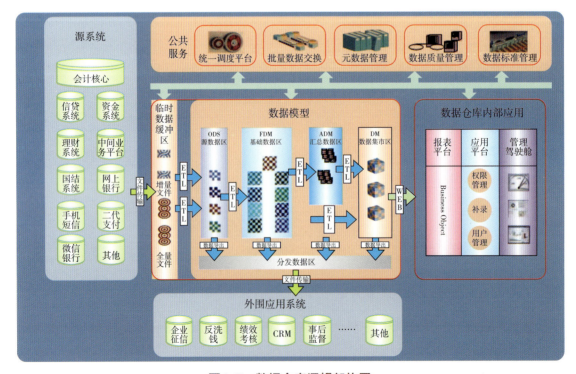

图4-7　数据仓库逻辑架构图

　　基于上述思路，规划整个重庆银行数据集中管理平台数据架构示意图如下（见图4-8）：

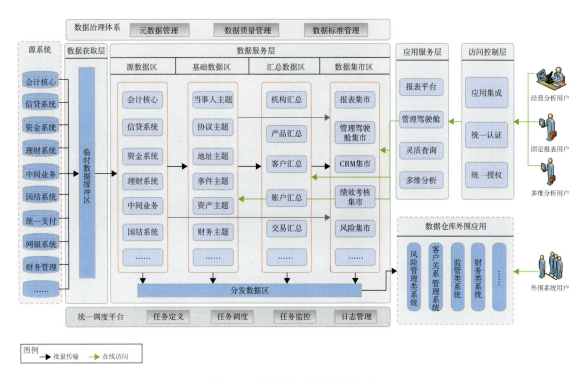

图4-8　数据仓库数据架构图

（五）数据管控人员组织架构

　　依据数据管理体系建设项目咨询成果，按照数据管理规划的要求，重庆银行先后成立数据管理领导小组、数据管理执行小组，并在相关业务部门设立数据质量管理岗位，其职责包括：数据标准、数据质量管理，制订数据标准工作计划及工作方案；收集数据标准的新增及变更需求并协调相关部门参与数据标准制定、变更、评审；牵头制定数据的业务标准并审核技术标准；组织开展数据标准评审、执行及复审工作；维护数据标准；审核IT项目组在系统建设中的数据标准落地范围与落地方案等；监督各部门对数据标准的执行情况。现阶段重庆银行数据管控人员组织架构见图4-9。

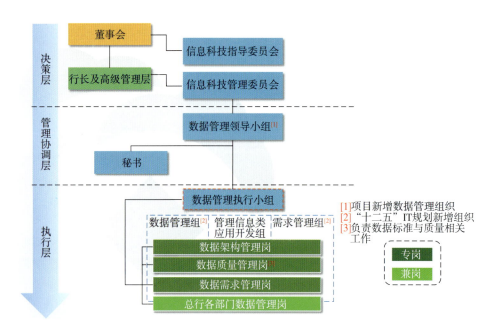

图4-9　重庆银行数据管控人员组织架构

三、数据标准化应用及成效

（一）数据标准主动维护

重庆银行采取印刷数据标准学习读本方式，组织企业内部开展学习，起到良好的宣传作用。组织相关岗位人员对数据标准进行了持续维护和指导，根据监管要求及数据标准管理办法流程，2014年至2015年，共发起和受理7笔数据标准变更申请，包括修订、新增、删除等，并发布1次更新后数据标准版本。

（二）数据质量主动保证

根据咨询成果的指导意见和项目组配合，重庆银行完成信贷系统试点问题数据的主动清理工作，首先根据评估初步圈定范围，再结合监管要求紧迫性、业务影响范围等因素，最终选择业务价值和代表性较关键的10个字段共18项问题，共计20余万条异常记录进行整改。对于其中涉及的11项问题3,936条异常记录手工整改。此外，对使用批量修正的存量数据清理和增量数据主动保证工作已完成，并交由数据标准化部门持续跟踪维护。

（三）新建项目数据标准落地工作常态化

按照数据标准落地方案及工作指南，重庆银行严格实施数据标准化，结合系统建设规划，选取重点项目推进全行数据标准落地，如数据仓库项目、新一代信用风险管理系统项目等。在此基础上，重庆银行利用数据标准化成果，将逐步使数据管理工作常态化：一方面梳理系统现状，把控项目出入口，尤其是新建项目，分步实施数据标准的落地工作；另一方面提升数据质量，加强数据清理工作。

（四）多样化数据类应用创新

重庆银行积极研究数据资产给经营管理带来的价值，成立互联网金融部和大数据模型设计分析团队，结合内部数据仓库的标准化数据和外部多维度数据，通过大数据分析与建模技术，携手专业技术团队联合打造了大数据金融风控平台，并基于该平台推出"数e融"系列产品，其中首发的是针对小微企业授信的具体场景应用产品——"好企贷"，实现了线上申请、审核、放款。

重庆银行结合行内数据仓库累积数据，建立风险数据集市，积极支撑信用风险评级应用，包括零售内部评级系统、非零售内评系统、RWA风险加权资产系统等，并实现风险类报表及在驾驶舱中展示关键指标以辅助决策。未来将进一步实现数据标准化驱动业务创新与发展，使其成为提升竞争力和转型发展的利器，在技术方面使数据架构站上新的台阶，迈入大数据时代，积极搭建基于大数据的全面数据仓库架构体系，在确保数据安全的前提下全面提升海量数据的存储、运算及分析能力。

第四节　中国人民保险集团统一信息安全策略标准构建基于全生命周期的主数据标准管理体系

近年来，中国人民保险集团高度重视企业标准化相关工作，按照急用先行的原则，积极制定相关企业标准，推进标准化相关工作。集团制定了统一信息安全策略标准，进一步提升了全集团信息安全和整体安全防护能力；集团子公司中国人保资产管理有限公司（以下简称人保财险）建立了基于全生命周期的主数据标准管理体系，夯实经营管理的主数据基础，提升信息标准化服务管理决策的能力。

一、集团统一信息安全策略标准

为进一步提升中国人民保险集团整体安全防护能力，规范网络与信息系统安全防护要求，根据党中央、国务院和国家相关部委发布的方针政策、法律法规和技术标准，结合实际，集团2015年制定发布了统一信息安全策略，形成了适用于全集团的信息安全工作总体要求和基线标准。为确保集团统一信息安全策略的贯彻落实，建立了信息安全检查的制度化、常态化机制，定期进行安全策略执行情况检查和考核，对防范信息安全短板、强化和提升集团整体信息安全防护水平具有重要意义。

（一）统一信息安全策略制定背景

中国人民保险集团旗下拥有中国人民财产保险股份有限公司、中国人保资产管理有限公司、中国人民健康保险股份有限公司等十多家专业子公司，各公司信息化建设和信息安全防护水平参差不齐。

为防范信息安全短板，强化和提升集团整体安全防护水平，集团2015年初启动了统一信息安全策略制定工作，经梳理国家有关部门、保监会和集团各公司信息安全管理制度、标准规范文档，组织工作小组深入调研集团各公司安全管理现状，形成以统一信息安全策略（其框架见图4-10）体系为基线标准，以《统一信息安全策略分值表》为评分依据，以《统一信息安全策略管理办法》和《2016—2020年度检查考核重点指标》为实施抓手的一套信息安全策略实施管理制度。

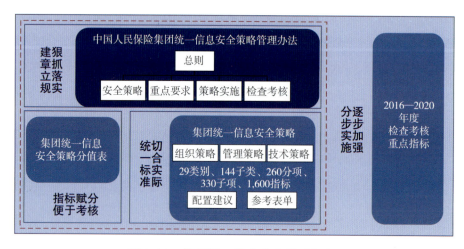

图4-10 集团统一信息安全策略框架

（二）统一信息安全策略主要内容

集团统一信息安全策略是从组织、管理、技术三个方面，按照策略类别、子类、分项和子项制定的1,600个策略指标要求，是开展安全防护和检查考核的基线标准，对于各策略指标均明确了适用范围和对象。策略指标类型分为基本型及增强型，分别适用于不同类型信息系统。同时，制定了配置建议26份，参考表单53份，作为安全策略的附件。配置建议是辅助策略实施人员落实策略要求，进行安全配置实施和核查的指南。参考表单是辅助策略实施人员落实管理制度和审批流程的表单模板，供各公司根据实际情况参考使用。集团统一信息安全策略内容见图4-11。

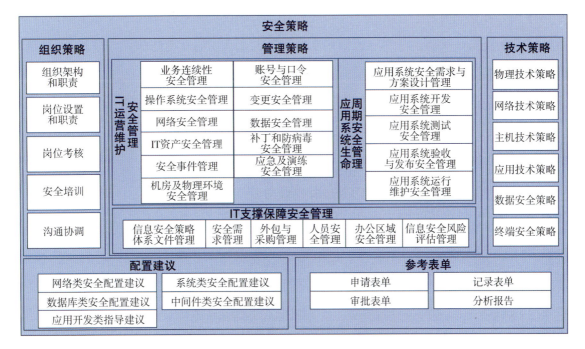

图4-11　集团统一信息安全策略内容

根据安全策略指标重要性的不同，全部策略指标确定分值，作为开展检查和考核的评分依据，在检查考核时对策略指标的判定结果为符合、不符合和不涉及三种情况。考核策略指标1,600个，策略总分3,200分，实际考核评分采用百分制的方式进行折合计算，并根据最终得分确定考核结果等级。

（三）统一信息安全策略推广应用

为确保安全策略的有效落实，根据《统一信息安全策略管理办法》的要求和逐年推进的原则，结合公司实际情况，集团同时制订了未来五年的考核实施计划《2016—2020年度检查考核重点指标》，确定每年度重点考核的策略子类，并对子类中的全部策略指标实施考核。在每年确认考核的策略指标基础上，逐年扩大策略考核范围，提高集团整体信息安全防护水平。

2016年集团旗下各公司将按照集团统一信息安全策略要求开展信息安全保障工作。为确保安全策略有效落实，集团将按季度对安全策略执行情况进行阶段性检查，及时对安全策略进行优化更新，并持续督导、跟进集团各公司安全策略落实情况，不断提升集团整体安全防护水平。

二、人保财险基于全生命周期的主数据标准管理体系

保险业是信息密集型产业，保险业务经营的基础是"大数法则"，加强主数据从申请、审批、创建、发布、订阅、变更到核销的全生命周期的标准化管理和控制，有利于创建统一的主数据视图，确保主数据的权威性、一致性、准确性和安全性，有效推动信息向资产的转化，提升数据洞察力，建立主数据标准管理的长效机制。人保财险为夯实经营管理的主数据基础，提升信息标准化服务管理决策的能力，构建了基于全生命周期的主数据标准管理体系。

（一）主数据标准管理体系规划与架构设计

构建主数据标准化体系，建立主数据交互和共享基础标准，实现基于主数据全生命周期的科学管理，已经成为提高信息化建设效益、改善业务数据质量、服务决策支持的重要途径，做好总体规划有利于统筹安排和协调管理工作，优化资源配置，提高工作效率。根据规划，人保财险基于全生命周期的主数据标准管理体系架构设计划分为四个子体系，分别是制度与平台体系、标准体系、质量体系和安全体系，其中标准体系是核心，制度与平台体系是前提，质量和安全体系是保障。体系规划与架构设计如图4-12所示。

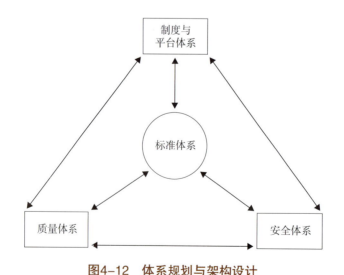

图4-12 体系规划与架构设计

1. 制度与平台体系。制度与平台体系是为规范标准体系、质量体系和安全体系的各类管理活动而建立的机制、组织、流程和平台工具，同时实现这些机制、组织、流程和

平台工具的常态化有效运行。有了制度与平台体系这个前提，才能建立主数据标准管理的组织机构，做到责权明晰、流程顺畅、工作高效，才能依托主数据管理平台实现主数据的全生命周期管理。

2. 标准体系。标准体系的首要任务是制定公司统一的主数据标准和规范，开发共用的、标准的主数据集成规则，定义企业级的主数据模型。主数据标准体系为实现企业的信息集成共享、业务协同和一体化运营做好基础保障。

3. 质量体系。质量体系对主数据生命周期中可能发生的数据质量、标准应用质量等问题进行识别、度量、监控和预警，分析影响主数据质量的技术、流程或管理因素，明确数据责任，确立持续改进目标，优化处理流程，强化跨部门协同管理，建立主数据质量的闭环管理机制，不断提升主数据质量管控水平。

4. 安全体系。安全体系是为了防止无意、故意甚至恶意对主数据进行非授权访问和修改而制定的规范及准则以及相应开发的平台管控功能。主要手段是对主数据进行分级管理、按照安全等级设定用户级别及角色权限等。主数据安全体系的建设，能够增强信息安全风险防范能力，有效地防范和化解风险，保证业务持续开展，满足内控和外部监管的符合性要求。

（二）主数据标准管理体系建设情况

1. 制度建设。为集中管理主数据，规范主数据审批与维护流程，明确主数据同步和共享服务机制，确保数据的准确性、一致性和完整性，建立科学、规范、完整、开放的主数据标准化管理机制，夯实数据基础，服务决策支持，辅助业务增长，人保财险制定了主数据管理规范等相关制度，明确了主数据标准管理的机制、职责、流程等内容，保证了主数据标准体系建设的顺利进行。

2. 平台建设。人保财险搭建了主数据管理平台，实现了对主数据的集中管理、统一发布、质量监控、服务共享。该平台对公司各类主数据进行分类管理，明确主数据的责任部门，优化主数据管理流程，建立主数据统一视图，形成了主数据管理的"数据总线"。

3. 标准体系建设。人保财险制定了涵盖承保、理赔、再保、财务等各个环节的多项主数据标准，扎实的主数据标准化管理工作使标准体系不断完善。同时，不断加大数据标准落地实施的监督力度。

4. 主数据质量管理。主数据质量监控包括主数据标准贯标情况、标准应用质量和数据一致性等内容，加强主数据的监控、稽核、评估、考核，形成了主数据质量管理的闭环。

5. 主数据安全管控。由主数据管理和用户管理相关平台统一管理主数据的使用权限，未经授权不得查询、修改和使用主数据。

（三）主数据标准管理体系应用成效

一是创建并维护主数据的统一视图。创建并保证统一视图的准确性、一致性和完整性，从而提高数据质量，降低数据孤岛出现的几率。二是管理和优化主数据的维护流程。明确主数据的来源、属主和消费者，提高数据透明度，提供科学、规范、完整、开放的数据标准，降低沟通成本。三是有效降低IT成本，提高数据集成工作效率。提供统一的资源库来集中管理主数据，减小冗余数据成本，减少数据清理成本，降低接口开发成本。四是夯实数据支撑基础。统一管理公司的重要主数据信息，可以整合并维护准确且权威的主数据，为业务运行和商业智能分析提供关键性基础数据，夯实数据基础，辅助决策支持与业务增长。五是完善主数据标准体系。通过主数据标准管理体系的建设，研究制定了更多主数据及相关标准，提高了标准的数量和质量。六是提高标准化信息共享度。通过统一的平台发布主数据标准化相关信息，提高标准化信息共享度，方便标准化信息的管理、检索与应用。

第五节　标准化助推蚂蚁金服生态建设

蚂蚁金融服务集团（以下简称蚂蚁金服）秉持"稳妥创新、拥抱监管、服务实体、激活金融"的发展方针，通过标准化建立了一套透明完善的技术和管理体系，严格规避各类风险，保障业务稳定、安全和合规运行，加强对内和对外的互联网金融生态建设。

一、标准组织

《深化标准化工作改革方案》和《国家标准化体系建设发展规划（2016—2020年）》相继出台以来，蚂蚁金服积极响应国家标准政策并部署实施标准化战略，及时成立标准化工作团队，建立标准化机制，完善标准化体系，全面提升标准化水平。

蚂蚁金服建立了标准化工作团队与业务部门互动配合机制推进标准化工作。标准化工作团队具体参与标准活动、协调业务资源、组织标准实施和标准信息化建设，包括全力参与和支持全国金融标准化技术委员会和行业协会活动，并且周期性对国际、国家、行业和联盟组织进行分析评估，确认是否参与其标准化活动；对标准项目进行分类分级，对于重要性高且技术性强的标准项目协调相关部门共同参与相应项目活动，贡献技术和业务专业素材，确保标准项目落地，并且符合产业和技术发展需要。

蚂蚁金服根据实际业务情况，对标准组织和标准项目进行梳理。按照标准内容初步划分为基础平台标准、数据安全标准、终端设备标准、信息技术标准、身份认证标准和金融业务标准六大模块，涉及标准组织包括国际标准组织（ISO/TC68、ISO/TC222、ITU-T SG17、ISO/IEC JTC1/SC27和ISO/IEC JTC1/SC37）、国际标准联盟（GlobalPlatform、FIDO、EMVCo）、国家标准组织（全国金融标准化技术委员会、全国信息技术标准化技术委员会、全国信息安全标准化技术委员会）、行业标准组织（中国通信标准化协会、国际密码行业标准化委员会）。

二、标准制定

（一）基础平台标准

云计算实现了资源的集中部署、弹性调度和服务化，提升了资源的利用效率。云服务使用者可以以购买服务的方式，通过网络获取各类资源。金融是对信息系统高度依赖的行业，随着互联网金融的发展，这种依赖性会变得更加强烈。蚂蚁金服基于通用金融云架构参与金标委制定系列金融云行业标准。

蚂蚁金服近期计划启动《互联网金融云计算技术架构规范》、《互联网金融云计算服务安全技术要求》和《互联网金融云计算容灾规范》三项标准的研究。其中：《互联网金融云计算技术架构规范》重点规范互联网金融云计算技术架构要求，包括功能架构、技术架构、安全架构和高可用架构。制定并落实本规范，对于贯彻国家确保金融IT信息安全和自主可控的基本要求，以及在互联网条件下基于云计算体系实现金融IT的架构转型具有积极意义。《互联网金融云计算服务安全技术要求》基于公有云的互联网金融云计算安全技术要求，涵盖基础硬件设施安全、基础软件安全、虚拟网络安全、虚拟机安全、云存储和数据持久化安全、容器及中间件安全、应用安全和数据安全。《互联网金融云计算容灾规范》参照《信息安全技术　信息系统灾难恢复规范》（GB/T

20988—2007）和《银行业信息系统灾难恢复管理规范》（JR/T 0044—2008），明确了为互联网金融行业提供服务的公有云的容灾要求。

（二）数据安全标准

个人信息是互联网金融的核心资源，同样是重点保护对象。个人信息泄露往往会侵害个人的合法权益，增加互联网金融机构的诉讼风险，加大运营成本，降低个人对互联网金融机构和产品的信任度，阻碍互联网金融业务的健康发展，给社会秩序与个人切身利益带来危害。为了切实加强互联网金融个人信息保护，维护用户权益，蚂蚁金服积极参与《互联网金融个人信息保护技术规范》研究。该规范目的是规定互联网金融行业个人信息收集、存储、使用、销毁等方面的技术要求，适用于指导互联网金融及其相关领域利用信息系统等处理个人信息的服务与活动。按照个人信息保护要求进行的互联网金融个人信息保护检测和认证可参照使用。

（三）金融业务标准

蚂蚁金服结合国内二维码支付、快捷支付和风险控制等实际情况，积极贡献力量并参与该标准讨论制定，为该标准注入更多互联网金融和普惠金融因素。蚂蚁金服积极参与第三方支付标准化研究，重点梳理第三方支付架构、术语列表和世界各国可能面临的第三方支付监管政策，确保在未来第三方支付国际标准地位。

三、标准实施

蚂蚁金服标准落地实施，不仅提高了企业的办公效率，更重要的是对资源进行了有效整合，为企业决策提供了科学依据，并搭建了内外部协调一致的生态环境。

（一）数据安全

蚂蚁金服严格遵循国家监管部门关于信息安全、个人数据保护等法律、法规要求，采取必要的技术措施确保个人数据安全，防止数据的泄露、毁损、丢失与滥用等风险。

一是为了有效保护用户数据，蚂蚁金服基于ISO 27001国际标准建立了信息安全管理体系，从方针策略、安全标准、安全控制指引、安全流程记录四个层次对数据安全管理的安全策略、职责与规程、管控措施进行了明确；同时针对技术方面的安全控制建立了一系列的安全基线。另外，蚂蚁金服制定了严格的数据需求审批及使用的管理规定，对产品设计、业务合作中的数据需求按照不同级别及使用范围进行区分，依据不同场景引入部门数据安全负责人、法务与合规部、信息安全部及集团数据业务决策小组进行评估。

二是通过内部制度明确公司整体的数据安全管理岗位及对应的职责，规范了所有员工的数据使用行为。同时，通过统一身份管理、统一鉴权、统一日志等方式建立体系化的审计监督机制，利用大数据风险分析技术，建立了数据使用异常分析控制措施，及时识别业务运营过程中的数据使用风险，把对用户信息保护的责任落实到公司的日常业务运营过程中。

三是创新地推出了面向集团内部员工的风险量化产品——信息安全分，从安全意识、终端安全、数据安全、权限安全、行为安全5个维度19个子维度对员工进行风险量化，最终提升了整个集团的安全管理能力。

（二）数字证书

为了贯彻执行《金融领域密码应用指导意见》，中国人民银行发布了非银行支付机构关于证书应用的要求，其中规定支付机构采用数字证书、电子签名作为验证要素的，数字证书及生成电子签名的过程应符合《中华人民共和国电子签名法》、《金融电子认证规范》以及国家密码管理局等有关规定，确保数字证书的唯一性、完整性及交易的不可抵赖性。

在支付宝系统数字证书使用方案中，支付宝系统由支付宝客户端和支付宝平台两部分组成（见图4-13），支付宝客户端包括交易等业务模块和安全模块，支付宝平台包括交易系统和安全管理系统。其中，支付宝平台的交易系统（包括客户端的交易模块）是密码安全方案的服务对象。支付宝密码应用方案包括支付宝客户端安全模块和支付宝平台的安全管理系统。该方案是以手机密码服务中间件产品为基础，并结合支付宝相关安全技术和业务流程而形成的。

1. 支付宝客户端。基础安全模块为手机客户端提供基础密码服务，利用手机密码服务中间件实现包括SM2密码算法、SM3密码算法、SM4密码算法等在内的国产密码算法，通过密钥分散等核心技术保证用户密钥的存储和运算安全，并为支付宝客户端提供统一的调用接口以完成签名验签等密码服务功能。

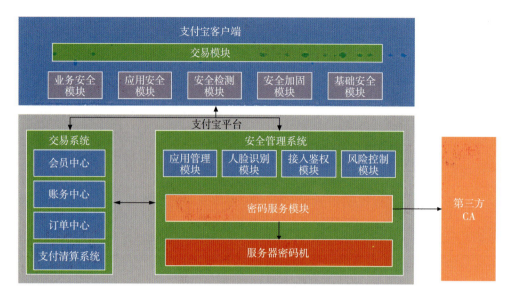

图4-13　数字证书实施示意图

业务安全模块主要为用户在使用支付宝客户端的各项业务过程中提供用户身份认证的技术手段，主要包括生物识别认证（人脸、指纹）、基于用户记忆的动态问卷认证（KBA）、安全保护问题认证、动态令牌（OTP）认证、手势密码认证等各种不同等级的身份认证机制。

应用安全模块主要提供支付宝客户端程序在手机终端上数据存储以及组件的安全保证，主要包括本地文件的安全存储、应用程序日志的安全输出、应用程序组件的安全防护以及JS API调用权限控制机制，通过这些安全手段来保证用户存储在本地的数据不被复制、不被其他程序非法使用。

安全检测模块主要保障支付宝客户端程序在手机终端上运行过程中的安全，检测模块主要包括ROOT检测机制、钩子程序（hook）检测机制、人机识别机制、模拟器检测机制、信息泄露检测机制以及木马和钓鱼软件的检测机制，用于确认用户支付宝账户所处的系统环境是否安全，根据机制的检测结果采用不同程度的身份认证手段，从而保证用户支付宝账户财产的安全。

安全加固模块主要保障支付宝客户端程序在发布版本后应用程序代码的安全，防止非法人员和团队通过代码分析对支付宝进行攻击。应用代码的保护机制主要包括代码的混淆、防反编译技术、防程序包篡改以及防注入技术，可以大幅提高支付宝客户端程序的破解难度，降低程序被破解的几率，防止用户的私钥被非法调用，从而防止用户的身份证书被非法冒用。

2. 交易系统。交易系统为支付宝的交易核心，用户各种交易订单的生成、资金增加和减少都由该系统完成。系统有完善的风险控制机制、安审机制、权限控制机制以及风险识别机制等多种交易保护机制，通过这些机制来保障用户的交易安全。交易系统也是支付宝数字证书应用的主要服务对象和主体。其中，会员中心负责记录支付宝所有客户属性数据，进行客户身份管理；订单、账务中心负责支付宝交易的订单创建、订单管理以及客户账务管理；支付清算系统负责交易的支付以及与各个支付渠道、银行之间的资金清算。

3. 安全管理系统。安全管理系统是支付宝整个系统的安全核心，包括应用管理模块、人脸识别模块、接入鉴权模块、风险控制模块以及密码服务模块等组成部分。

应用管理模块可以对手机终端密码服务中间件和终端设备进行管理；人脸识别模块实现客户的生物信息（人脸、指纹）的认证核实；接入鉴权模块负责对支付宝客户端访问支付宝平台的鉴权认证，对通信信息进行完整性校验和机密性保护；风险控制模块负责客户权限的控制、交易风险识别；密码服务模块负责整个系统的密钥管理和证书服务。

密码服务模块通过调用服务器密码机来为支付宝平台提供基础的密钥管理、数据加解密以及签名验证服务，包括交易数据验签服务、通信数据的加解密服务、通信数据的签名验签服务，以及敏感信息（例如密钥保护PIN码）的加解密服务。其中数字签名、加解密等密钥运算都在服务器密码机中进行。

密码服务模块与第三方CA系统对接，实现用户证书生命周期的管理，包括：用户证书申请、用户证书更新和用户证书吊销。

四、未来展望

标准化在蚂蚁金服发展过程中扮演越来越重要的角色：一方面缩短系统建设周期，有效增加业务支撑和服务创新；另一方面强化风险管控和信息安全能力，有力提升管理效率。但是我们可以看到，不断发展的市场对企业标准化不断提出更高要求，特别是企业正日益走出国门，开辟国际市场。为配合实施国际化战略，蚂蚁金服技术标准必须走向国际化道路，进而在国际化舞台掌握更多话语权。

第五章
金融标准化研究

- 区块链技术标准设计探讨
- 云计算技术研究——中国建设银行私有云探索与实践
- 现金机具鉴别能力标准化管理体系建设的初步探索
- 《保险术语》国家标准制定实践与思考
- "互联网＋"金融的标准体系

结合新技术发展和工作需要，本章选取了"互联网+"、区块链、云计算等热点进行专题研究与思考，旨在为管理决策提供科学依据，规范新技术创新，形成试点示范效应，对深入贯彻《深化标准化工作改革方案》和探索金融标准化发展新方向具有一定意义。

第一节　区块链技术标准设计探讨

近年来，诞生于互联网世界的数字货币引起了世界金融领域的高度关注，区块链技术作为支撑比特币的底层技术，成为国际上的前沿技术研究热点，其采用重构信任机制等方式将推动未来金融生态的变革，将区块链技术作为基础技术在金融领域广泛应用，有可能会对传统金融体系格局形成颠覆性冲击。为及时把握区块链在金融领域的应用前景趋势，深入分析区块链技术应用与发展对金融业可能产生的影响及潜在技术风险，探讨区块链技术在金融行业的规则和标准，人民银行广州分行进行了前期研究工作，提出区块链技术标准设计意见。

一、区块链的基本概念和分类

（一）基本概念

区块链技术是点对点网络、密码学技术、身份认证技术、共识机制等多项现有技术融合创新发展的结果，本质上是一种公开透明、不可篡改、可追溯的分布式数据库记账技术。

（二）应用模式分类

根据不同的应用模式，区块链分为公有链、私有链和联盟链。

公有链：任何人都可读取的、任何人都能发送交易且交易能获得有效确认的、任何人都可以参与数据库维护的区块链，代表是比特币和以太坊。

联盟链：数据库的维护在联盟协议下，只允许预设的节点参与读取和写入的区块链。每个区块的交易确认，都需要联盟各方的大部分成员达成共识。代表为由R3CEV发起组建的R3银行区块链联盟。

私有链：数据库的维护权限完全掌握在一个组织中的区块链，其读取权限或者对外开放，或者有选择性开放。私有链建立在某个机构内部，具体规则由机构自己来设定。代表为纳斯达克的企业级应用Nasdaq Linq。

二、区块链技术标准体系框架设计

区块链技术标准体系以比特币为原型设计，是按照标准内在联系形成的有机整体，分为通信类、数据类、逻辑类及应用类四大类，如表5-1所示。每一大类又细分为若干子类，均包含了目前相对成熟的关键性、基础性的内容，共同构成区块链技术标准体系框架。

表5-1　区块链技术标准体系框架

	应用类	应用场景编程接口		
区块链技术标准体系框架	逻辑类	共识机制	激励机制	业务逻辑及算法
	数据类	数据区块	加密机制	存在验证机制　存储机制
	通信类	组网机制	消息协议	

（一）通信类

通信类可分为组网机制和消息协议两个子类，定义了组网机制和消息协议相关技术要素，为整个区块链体系提供基础数据传输和校验，实现有机协同的数据交换。由于区块链具有高度分散化存储的特点，因此通信类技术标准需要兼顾可靠性、分布式和开放性等特性。

（二）数据类

数据类标准定义了区块链的数据模型以及数据的加密、存储、存在性和完整性的校验机制，可分为数据区块子类、加密机制子类、存储机制子类和存在验证机制子类。

（三）逻辑类

逻辑类标准定义和规范了共识机制、激励机制、业务逻辑的内容和方式，可分为共识机制子类、激励机制子类和业务逻辑子类。

（四）应用类

应用类标准对基于区块链技术的各种应用场景的编程接口进行规范。如以太坊提供基于区块链技术的开发平台，通过编程实现多种业务功能，展现不同的应用场景。

综上，通信类和数据类标准构成了区块链的基础性、通用性标准，是其他各类标准的基础，三种类型的区块链在遵循基础标准的基础上，个性化各自的逻辑类和应用类标准，从而实现不同的应用场景。例如，公有链必须有激励机制，而私有链一般没有。公有链和联盟链一般采用不同的共识机制。

三、区块链技术标准在金融业中的应用试点

（一）标准应用试点案例

区块链技术在支付汇兑领域具有较大的应用潜力，Ripple系统就是用区块链技术开展国际汇兑应用的典型案例。它是一个依托联盟链，利用遵循共识机制（Ripple协议）的可信任的网关作为中介进行交易的转账系统。网关是法定货币进出 Ripple网络的关口，可以是银行、货币兑换商、市场或是任何金融机构，通过开发应用平台为用户提供转账服务。Ripple系统的区块链由Ripple网络中的各网关通过共识机制确认转账交易的有效性，并共同参与记录、更新、存储和维护账本，见图5-1。

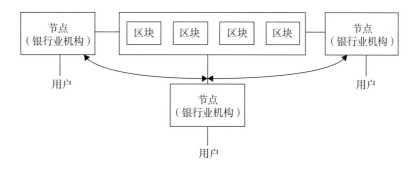

图5-1　Ripple系统的转账应用框架

Ripple系统提供了转账业务功能，在Ripple系统中付款方在网关的转账支付平台上写入交易信息，网关经过确认后，将交易信息提交到Ripple区块链并广播到Ripple网络中的每个网关中，全网中的计算机通过共识机制在数秒内确认交易有效，并将交易信息写入Ripple区块链中，收款方确认收到转账金额。

（二）标准应用效益分析

1. 提高交易效率，简化业务流程。Ripple系统遵循区块链标准，省去了传统第三方中转业务环节，在付款人和收款人之间创造更直接迅速的付款流程，实现点对点快速、成本低廉、全天候实时到账的跨境支付，相对于传统的SWIFT汇款大大降低了交易费

用，加快了结算速度，更具便捷性和及时性。

2. 优化资源配置，降低交易成本。Ripple系统摒弃了单一区权威中心提供的管理和担保，能让交易双方在无需中心化的信用中介的条件下开展金融活动，实现低成本的交易模式，这意味着在金融领域中区块链通过新的信用创造方式，减少金融信息的不对称性，实现金融资源的优化配置。

3. 革新组织形式，提供协作机制。Ripple系统通过一系列规则，无须干预管理即可实现自主自动化运行，这意味着在金融领域，各交易参与方可以对等的方式共同维护系统，通过共识机制来表达协作规则，实现更有弹性的协作。可见，区块链已初步呈现出在改善金融基础设施、变革金融业商业模式上的巨大潜力。

四、区块链标准应用挑战和发展方向

（一）区块链标准应用面临的挑战

从整体上看，区块链技术处于理论研究向技术应用落地、实践探索发展的阶段，其标准体系、应用场景等方面尚未完全成熟，距离广泛应用还有相当长的一段距离，需要应对诸多新的挑战和考验。

1. 区块链技术本身面临着效率、资源和安全方面的诸多问题。区块链标准体系框架主要借鉴比特币应用原型进行设计，将原始区块链直接引入银行业会面临共识达成效率低、交易性能低和隐私保护不足等问题，需要结合金融行业的特点对区块链技术加以改进和完善，克服效率、资源和安全方面的诸多弊端，定制出与金融行业应用环境高度契合的金融区块链。

2. 区块链技术的创新快速发展导致标准体系建设的复杂性。区块链技术不是单一全新的技术，而是多种现有技术的整合创新，一直在不断迭代更新发展，尤其是新的密码方案、传统信息安全领域的关键技术与区块链技术也在融合并协同发展。此类跨学科、跨行业、跨领域的创新技术涉及要素较多，其标准的制定相对复杂，既要满足可靠性和可扩展性等当前技术目标，也要考虑与未来技术发展趋势融合，保持适度的技术前瞻性。为确保达到最佳的整体目标，可考虑引入综合评估法来规划整个标准体系的蓝图框架。

3. 区块链标准的应用尚处于起步阶段，应用场景单一有限。区块链技术尚处于初级的开发测试阶段，多数应用还处于理论设计和验证阶段，银行业的应用场景主要集中在支付结算领域，这源于金融基础设施对技术稳定性、安全性极高的要求。因此，区块链标准在金融领域的实际落地和应用扩展需要进一步探索，当经过充分的应用场景实践检验，在各个业务领域进行必要的技术储备后，相应的标准化体系的应用价值才能充分发挥。

（二）标准改进和发展方向

1. 结合行业特点，定制金融领域区块链的开发应用和行业标准。标准体系建设既要符合法律法规和相关规章制度的要求，也须与金融行业实际情况密切结合。只有针对监管环境和应用需求为银行业量身制定的标准体系，才能满足银行业高吞吐量、低延迟、高隐私性的需求。鉴于此，探索更加经济高效的共识机制、改进区块数据存储模型以提升性能、强化交易隐私保护设计等都成为下一步标准努力完善的方向。

2. 加强标准架构顶层设计，提高与已有标准协议的兼容性，支持系统互联互通。区块链标准设计需着眼于与现有基础标准协议的兼容性，并合理界定与现有标准的边界关联。以当前国内银行间市场的基础协议IMIX协议为例，区块链层次模型理论上只要对IMIX协议作适当扩展，就可以实现对区块链技术的支持，减少对已有标准体系的颠覆性改造。与此同时，当越来越多的数字资产迁移到区块链上进行跨链操作时，不同区块链间的互联互通亦将成为必然，需要同步考虑制定相应的技术标准，以加强监管，防范风险。FIX协议已启动修订计划，旨在解决不同区块链之间的互联互通问题。

3. 推动标准的试点工作，通过应用检验促进标准的逐步完善。将区块链技术整合到现有金融系统的成本较高，大规模投入应用将涉及IT架构和业务流程的重塑。从小规模试点探索开始，逐步扩大标准的应用范围是一条标准演进完善的有效途径。具体而言，以低频交易应用为切入点，基于银行业联盟链小范围内开展应用试点，不断测试评估标准框架的稳定性和可扩展性，不断总结发现问题，在试点中检验标准的可行性和有效性，为后续标准在更多领域推进提供参考依据。金融企业自身也可在现有金融基础设施之上，利用区块链技术在机构内的部分业务上取得突破，例如可在审计、资产管理等领域推进小范围的试验。

第二节　云计算技术研究——中国建设银行私有云探索与实践

自2006年美国的亚马逊推出世界上第一个云计算系统AWS以来，相关技术的发展突飞猛进，广泛应用于各个领域。全球云计算市场快速平稳增长，而在中国尚处于市场导入阶段，但其发展的速度及影响力惊人。2010年，中国云计算市场规模达167.3亿元，较上年增长81.4%。2013年，中国云计算市场规模达606.8亿元，2014年，中国云计算市场规模达1,174.1亿元。"十二五"期间，中国云计算产业规模可达7,500亿至1万亿元人民币。相信随着云计算"十三五"规划的实施，中国云计算产业将迎来黄金发展期。

随着云计算的不断深入，银行业对相关技术的研究和探索从原有的概念到实际应用都取得了实质性的发展。引入云计算技术已经成为云数据中心今后建设与管理的主要目标，越来越多的国外银行开始考虑将传统IT基础设施迁移到云平台上，国内商业银行也纷纷启动云平台建设项目。2012年开始，建设银行率先进行了尝试，成为国内第一家在生产数据中心大规模应用私有云的商业银行，开创了先河，也取得了显著成效。这不仅仅是信息化建设的必然要求，同时也是建设银行业务转型发展的内在驱动。

一、建设银行私有云平台建设背景

"互联网+"时代，信息系统以其高度的敏捷性和灵活性为银行业务发展提供运营环境和支撑保障，同时，业务的转型发展对IT系统的安全性、可用性与持续性提出了更高的要求，传统架构下的基础设施方案使数据中心的运维与管理工作面临着更多的困境与挑战，唯有创新思路、引用新技术才能为业务发展提供更加良好的运行环境。

（一）建设和运维成本高

大型国有商业银行一直以来采用最成熟、可靠的IT技术路线，通常使用国外主流厂商提供的信息技术和商业产品进行集中式部署，在信息技术实施、支持和保障上很大程度依赖于信息技术供应商，存在技术标准不统一、新技术应用和技术创新缓慢、投入产出比低下等问题，也使得银行自身缺乏核心技术积累，在技术路线选择上受制于国外厂商，被几大国外公司垄断。随着基础设施规模不断扩大，数据中心建设成本不断攀升，为了降低IT成本，国有商业银行亟须探寻自主可控的创新解决方案。

（二）资源交付效率低

在金融服务互联网化、移动化发展趋势下以及利率市场化挑战下，商业银行从战略和战术层面积极应对，提出了金融互联网、大数据、电子商务、客户体验等新的战略目标，并以此快速推出创新业务。但这些目标所需要的海量信息技术处理能力往往无法通过传统IT基础设施解决方案有效满足，即使传统方案能够实现，企业也难以承受漫长的建设周期，因此要满足新业务发展的响应速度，探索、采用新技术已经成为必然选择。

（三）资源调整不灵活性

传统商业银行系统架构的资源分配往往是固定的，是按照单个应用系统资源需求进行建设和部署，资源之间形成孤岛，不能灵活调整，例如在淘宝"双11"促销和电商秒杀等业务需求中，传统技术只能按照业务峰值配置基础设施资源，造成巨大的资源浪费。互联网金融、电子商务等业务快速发展，对基础设施资源的灵活调整、弹性伸缩提出了更高的要求。

（四）运行风险日益突出

商业银行数据中心作为"金融业跳动的心脏"，稳定运行和控制风险是第一要务。一方面，基础设施故障、突发业务压力、频繁变更上线都可能影响系统的稳定和服务质量，随着业务部门和上级监管机构要求不断提高，银行对数据中心高可用性的要求日益严格；另一方面，数据中心对外部基础设施、外部技术和服务的依赖性不断增强，网络入侵、信息泄露等安全风险日益突出。

二、建设银行私有云的实施情况

2012年，建设银行成立了云平台规划组，对云计算技术进行研究，经过探索与实践，发现云服务的交付模式能够大幅提高科技部门的运营效率，增强科技对业务快速交付的支撑能力和服务质量，有效解决数据中心传统架构下建设和运维所面临的困境。

2013年8月建设银行私有云平台项目成功上线和实施，有效地支持了新一代核心系统一期项目的投产上线，标志着建设银行正式开启云数据中心时代。建设银行私有云项目也荣获了2013年度银监会"银行业信息科技风险管理课题研究"一等奖、"2013年中国金融信息化年度十件大事"以及"IDC2014年度中国金融行业最佳（唯一）创新大奖"。

建设银行的私有云管理平台吸收了云计算前沿的先进技术和理念，按照企业级、组件化的设计原则，设计开发了资源池管理组件、服务策略管理组件、自动化管理组件、流程引擎组件和自服务门户等，并支持"两地三中心"架构。此外，建设银行云管理平台根据金融行业私有云特性进行设计和优化，制定了私有云服务标准和规范以及硬件厂商接入标准，提供强大的资源池管理和服务策略管理、丰富的云服务套餐及云服务基础服务组件、智能的流程服务调度、全方位的资源及应用监控、自动化的运维操作管理，实现了真正意义上的一体化管理，全面支撑传统和新型的数据中心服务。

截至2015年底，北京、武汉两个数据中心已建立74个资源池，近3,919个部署单元，新、老一代物理服务器数量达到8000+，虚拟机数量达到7000+，已形成覆盖WEB/AP/DB三层功能结构、LINUX/AIX/HPUNIX/Windows等多种平台、X86/小型机多种物理服务器类型的基础设施资源池，提供了68类云服务、196个云服务套餐、自动化应用发布、平台参数管理等多种运维自动化手段，为老一代、新一代系统提供了高效、快捷的运维模式。通过私有云平台建设，建设银行显著降低了IT运营成本和运维风险，真正实现了"服务标准化、供给敏捷化、资源弹性化、管理自动化、管控集中化"的管理目标。

三、建设银行私有云的特点与成效

建设银行私有云架构包括云服务、云管理、资源池等部分，同时还与配置管理、监控管理、流程管理、容量管理等相结合，共同实现云管理的相关功能。其中，基础设施资源层面管理计算型服务器（包括X86服务器和小型机）、存储资源及网络资源；在资源之上，构建了弹性计算资源池、网络资源池、存储资源池，并通过云管理平台对各个资源池进行统一管理、统一调配，将各类资源整合为各种云服务，为应用提供快速的资源供给（见图5-2）。

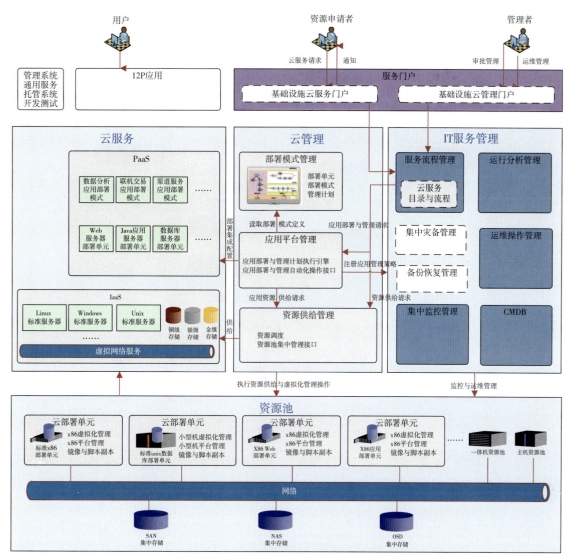

图5-2　建设银行私有云架构模型

建设银行私有云平台具有如下几个特点：

（一）云服务定义与管理

云服务以服务目录的形式提供给用户，通过识别服务、限定服务对象和内容、确定服务级别和规范来建立服务目录；通过云服务的业务定义设计、结构模型开发、操作模型开发、集成测试、服务发布几个过程完成云服务的开发；并通过将服务对应目录发布到用户自服务门户中，实现服务目录到云服务的映射。

云服务管理将云服务开发的结果注册到云管理平台中，云管理平台根据注册的云服务信息，并结合自动化工具实现云服务的自动部署，形成服务实例以提供云服务能力。云服务管理功能模型见图5-3。

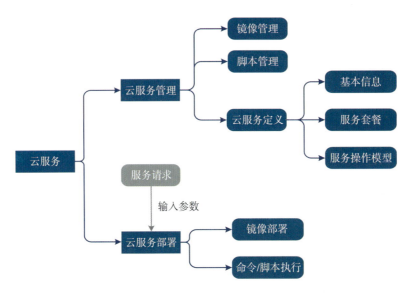

图5-3　云服务管理功能模型

（二）资源的全生命周期管理

基础设施资源管理方面，建设银行通过虚拟化、资源池化的方式统一管理和分配资源，实现IT资源从规划、纳管、申请、分配、运维到回收的全生命周期管理（如图5-4所示）。同时，建设银行将云计算理念与企业实际需求相结合，规划设计了适应建设银行架构的基础设施云服务，实现了以云服务方式按需交付IT资源，以自动化方式响应用户需求，实现了资源供给时间从"周"到"分钟"的转变，大大提高了服务交付效率，初步达到"标准化、敏捷化、自动化"的目标。

图5-4　资源管理生命周期

（三）资源的动态分配与共享

建设银行云平台将云服务基础信息、服务套餐信息、服务操作模型、云服务参数有机结合，同时，对资源池进行有效的结构分层，通过将资源进行整合和池化，并利用高度自动化的管理工具实现资源的动态分配和共享，在规模化的基础上实现了对底层资源的充分利用，降低了单位IT资源的投入成本。例如，面对电商"秒杀"等业务突增需要短时间扩容需求时，数据中心发挥统一的资源池和云管理平台"削峰填谷"的作用，使资源能够在不同类型业务系统之间进行资源重新配置，快速完成回收和扩容，一方面避免了应对业务量突发所造成的系统疲软，另一方面又避免大量资源闲置而产生的成本浪费，最终将进一步向资源智能化动态弹性伸缩方向发展。

（四）流程编排与工具自动化

建设银行通过云管理平台将数据中心运行管理中的配置、变更、发布等流程和运行管理相关制度规范配置成标准的云服务，通过流程编排，设计端到端IT运维管理流程，满足完整全面的运维目标。同时，实现流程与工具相结合，在运维操作流程中通过自动化的实施和验证手段，确保所有操作准确可靠，在提高流程效率的同时，避免了手工操作带来的风险。此外，一体化的运维流程还有效支持了建设银行"两地三中心"的运维管理工作。

（五）一键式应用发布与变更

变更管理、发布管理和配置管理是IT服务管理中最核心的环节，但流程和工具的衔接断层是IT服务管理实施的一大难点，导致了ITIL最佳实践的"最后一公里"无法顺利落地。建设银行的云管理平台实现了与IT服务管理平台的深度融合，重新设计投产变更操作流程，依托工作流技术，建立应用版本发布和变更操作的可视化和自动化流程，实现了一键式敏捷发布与变更，由于采用标准化、脚本化操作，降低了操作风险，提高了变更效率，从而保障了业务功能安全、快速发布。

（六）智能化事件监控及处置

云环境下的监控体系为云服务正常高效运行、云平台优质服务提供保障，具有支撑容量规划和弹性伸缩的能力。云环境监控较传统架构监控更为复杂，但是操作则更加便捷实用、安全可靠。建设银行私有云平台通过有效的监控智能处置体系，建立了数据采集层、专业领域监控工具处理层、统一事件管理层、数据分析层、事件处置层、展现与运用层。从资源、应用、交易多维度实时监控系统运行情况，建立常见故障场景与处置模板，做到常见故障自动化处理，提高了应急响应及处置效率，从而确保云环境的运行安全。

（七）系统的运行健康度分析

建设银行采用分布式架构搭建了运行数据分析平台，通过实时采集系统、硬件、存储、应用、交易等各类日志及系统性能、事件、巡检等数据，分析系统运行的健康度，为日常运维工作提供决策依据。日志集中采集及分析平台逻辑架构见图5-5。

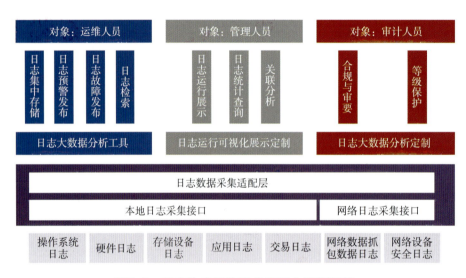

图5-5　日志集中采集及分析平台逻辑架构

建设银行通过分析及可视化技术在数据与运维人员之间建立起桥梁，通过各类分析图表，尤其是非传统类型的图表，分析数据之间的关系，为性能管理、容量管理等提供数据支撑。此外，采集到的日志数据可以使用规则引擎和流计算技术对日志进行监控，监测异常的关键字，对多个日志进行关联分析，通过模式分析提早发现系统潜在的异常和风险隐患，实现故障预测。例如，当某个极少出现的词在短时间内频繁出现的时候，可能意味着系统出现了异常情况，需要运维人员及时关注。通过不断对分析模型进行调整，不断提升系统故障的预测能力。

四、标准化在云平台中的运用

国有商业银行希望通过云计算技术，实现IT和业务融合，快速交付业务服务，使IT部门从成本中心、服务提供者的角色，转变为企业内各部门业务发展的战略伙伴，实现科技引领业务的目标。因此，银行数据中心的"云化"，是逐步实现技术、人员、资源、流程四个核心要素的有机融合和持续改进，实际上，就是从技术转向服务的过程。因此，云计算对数据中心运维模式产生深远影响。传统竖井式架构的系统部署和运维分工模式必然被打破，系统整合与一体化运维将引领今后的发展模式。同时，一体化的运维流程、标准化的系统建设、自动化的运维工具将会在银行业迅速普及。从建设银行私有云建设实践经验来看，私有云实施的前提和基础首先是做好标准化和规范化工作，这将为云服务设计、资源池构建、资源接口适配以及运维管理体系的建立夯实基础。

（一）设计可配置、标准化的云服务

云服务以服务目录的形式提供给用户，而云资源通过云服务的方式供给。为了实现标准化、可配置的云服务，可根据云服务的功能需求，设计出多种基础云服务组件，并进行云服务组件的封装和编排，形成包含不同软件内容的云服务套餐，从而实现可配置、套餐化的云资源服务。截至2015年底，建设银行私有云平台上发布了IAAS和PAAS共68类云服务，云服务从设计流程、镜像制作、脚本编写、运维操作都制定了相关标准规范。

（二）构建统一、标准化的资源池

资源池描述了物理基础设施资源的配置与管理，为云服务提供基础设施资源的支撑，是云平台的重要组成部分。在基础设施云架构下，计算资源、存储资源、网络资源在统一的云管理平台下被封装整合为资源池，以云服务的方式提供给服务使用者。建设银行在私有云实施过程中，按照应用对安全、高可用、可扩展等的要求，设计了底层核心的资源池业务逻辑，将底层独立的服务器资源池、存储资源和网络资源池封装成一体化的资源对外提供，在成本和可靠性上取得平衡，形成了基础设施统一的标准规范。

（三）封装灵活、标准化的资源接口

通常商业银行采用成熟、可靠的传统IT技术路线，在产品选择上往往采用通用的信息技术和商业软件，在信息技术实施、支持和保障上很大程度上依赖供应商提供的产品，而各个厂商存在技术标准不统一等弊端，因此，云管理平台为了提供统一的上层应用服务，需要实现资源适配层的封装，为了避免针对不同厂家、不同型号产品进行的大量适配工作，可进行业务功能抽象、标准接口协议封装，提供插件式服务，这样可快速解决产品异构带来的资源层差异大、适配难等难题，从而达到（实现）标准化的服务

器、存储、网络资源接口适配等功效。

（四）建立完备的、一体化运维管理体系

随着云计算、大数据等技术的广泛应用，数据中心必须具备成熟的运行维护体系，保证应用系统高效、准确、稳定地运行，以此满足业务不断推陈出新的需求，为业务快速发展提供更有效的运行环境和技术支持。为此，建设银行以管理先进、技术适用、流程规范、要件标准为目标，进一步完善运维管理体系。首先建立一体化运维流程，通过运维流程/制度一体化、运维管理平台一体化、运维组织一体化来建立一套以服务为目标的企业级IT服务管理流程体系，形成运行维护集中化、标准化、规范化的管理模式。私有云平台建设以来，建设银行以矩阵式管理方式建立了15个一体化运维团队以及覆盖北京、武汉、上海三地数据中心的一套运维组织岗位体系；发布了24个一体化制度文件，遵循一套运行制度；规范了100多个运维服务流程，构建了适用于建设银行"两地三中心"的一套流程框架。其次制定非功能指标规范，包括52项运行指标、79项非功能设计约束、168项非功能设计指标及15项非功能部署指标四类，从系统性能、容量、可用性、可维护性、安全性等方面对应用系统的开发、测试、部署、运维提出要求，并通过评审、评价、测试等手段进行落实和管控；在此基础上建立了操作水平管理及评价体系，以围绕服务可用性、安全性和账务信息一致性三个关键服务为目标，建立了包括29个一级指标、55个二级指标在内的操作水平指标体系；以"指标量化，有效落实"为原则，结合系统重要等级、生产故障等级、指标权重等评价维度，建立了操作水平评估体系；以"信息传递畅通、信息有效透明"为思路，以自评、集中测评和定期报告为手段，建立了操作水平报告体系，从而有力地推进了系统运维的合规化进程。

（五）提供多样的、开放性托管金融云服务

云计算发展初期，企业从应用规模、安全性、建设成本等方面考虑，或者选择公有云，或者选择私有云，通常不会混用。而近几年，随着云计算技术的发展和企业需求的变化，公有云在标准化、规模化的基础上，开始注重细分行业的个性化需求，部分云服务商已相继推出行业解决方案，而私有云在满足安全性、个性化需求的同时，也越来越重视开放性、标准化技术的应用。建设银行在私有云基础上，进行了功能扩展，建立托管行业云服务平台，为海外分行、子公司及第三方企业提供IAAS、PAAS及SAAS的服务，取得了较好的成效，同时致力于研究混合云模式，深入探索和推进互联网金融云平

台建设，提供更加多样化、个性化、精准化的金融服务。

五、对未来云计算标准化的展望

（一）安全技术应用方面

1. 形成云计算平台安全配置标准。云计算平台一旦出现安全问题，所有的虚拟机都可能受到威胁，建立云计算平台的安全配置基线，禁用高危配置，对云计算平台的最新漏洞进行监测、及时修补，实现云平台的安全监测和安全加固。

2. 建立虚拟机安全策略配置标准模板。通过建立虚拟机的标准镜像模板，预置安全策略配置，从模板源头进行加固；对问题虚拟机能够单独隔离、安装补丁，实现虚拟机的安全加固。

3. 制定软件定义安全的标准。适应虚拟化技术特点，可将安全设备物理部署和逻辑管控分离，通过软件定义方式，实现安全策略的快速部署和安全资源的灵活动态调配，满足虚拟化资源随时调度、动态配置需求。

（二）云平台建设方面

1. 资源管理的相关标准。从资源池规划上制定资源池标准单元内的计算、存储、网络硬件资源的集装箱式管理标准和逻辑资源分配标准规范；物理环境上需要制定服务器、网络、存储整机装配规划、设备上架及网络连接的标准等。

2. 云服务的相关标准。从云服务的设计与部署、交付和运营过程进行制定，包括云服务发布中标准化镜像管理、部署模式、软硬件套餐，云服务的构建、供给、管理、维护计划等过程，通过定制流程向用户发布标准云服务。

（三）运维管理方面

1. 基础数据标准化。基础配置是云平台核心数据，必须保证其准确性，所以需要制定基础数据生产、消费标准化管控流程及标准化接口，通过基础数据的流程管控和自动化采集为云平台提供有效、准确的数据支撑。

2. 运维监控标准化。分别建立资源、应用、交易、业务等监控标准指标体系，以模板推送、自服务等方式实现自动化部署；制定自动化监控、故障处置等规范，形成非功能指标，涵盖应用开发、测试、投产全过程。

3. 运维操作标准化。将平台（包含操作系统、中间件、数据库等）、应用、网络等运维场景化，制定针对不同场景的框架标准，通过流程进行场景关联，形成标准化、自动化的运维流程。

第三节　现金机具鉴别能力标准化管理体系建设的初步探索

伴随着我国经济的高速发展和人民币国际化进程的不断深入，人民币的流通规模持续增大，其真伪鉴别需求随之大幅增长。现金机具（点验钞机、自助柜员机、清分机等）人民币真伪鉴别功能迎合社会不断增长的需求，使银行柜员和现金持有人对其依赖越来越强，其使用也越来越普遍，在社会生活当中发挥了更加重要的作用。建设符合我国现金机具行业发展需要的标准化管理体系，对保护持币人合法权益、改善人民币流通环境、维护人民币正常流通秩序有着重要的现实意义。

一、必要性

国内现金机具人民币真伪鉴别能力（以下简称鉴别能力）参差不齐，严重影响人民币的流通环境。为规范国内现金机具的鉴伪技术，引导现金机具企业提升产品鉴别能力，促进行业健康发展，有必要推进现金机具鉴别能力标准化管理体系的建设。《人民币现金机具鉴别能力技术规范》（以下简称《规范》）的研制为现金机具鉴别功能提出了统一的检测要求，便于机具企业规范产品的鉴别功能，有利于改善人民币的流通环境，具有非常重要的社会意义。

一是有利于规范现有现金机具管理。近年来，现金机具在我国得到了迅速发展，但目前，仅人民币鉴伪仪具有国家标准《人民币鉴别仪通用技术条件》（GB 16999—2010，以下简称《国标》），而现金机具相应的管理制度制定和标准建设均存在空白。二是有利于全面提高货币反假水平。此前，由于标准的缺失，现金机具的鉴伪水平参差不齐，对货币反假造成一定影响，甚至出现了银行业金融机构对外误付假币的情况。三是有利于推动现金机具行业良性发展。《国标》从现金机具行业自律的角度出发，提出了现金机具鉴别能力的最基本要求，建立了以鉴别能力为导向的现金机具管理机制，引导机具企业摒弃"重成本，拼价格"的陋习，向"重研发，拼技术"的发展方向转变。

二、国际经验

从世界范围看，随着现金机具的广泛普及，各国中央银行采取了多种不同的有效措施予以管理。由于各国制度框架、市场状况不同，管理模式也存在着差异。根据管理手段区分，主要有三种类型。

（一）机具测试管理模式——以欧洲中央银行等为代表

2004年12月起，欧洲中央银行（European Central Bank，ECB）颁布并实施了《金融机构和专业现金处理机构假币检测和欧元清分工作框架》，对现金机具开展检测管理工作，主要思路是评价现金机具对特定样张的鉴别结果，判断现金机具鉴伪功能的有效性，出具报告并向社会公布。检测对象限定为银行业金融机构和专业现金处理机构的各类现金机具。为此，ECB建立了一套现金机具通用测试流程，主要包括预测试、鉴别测试、整洁度测试和追溯性测试。其中，鉴别测试采用收缴的伪钞和测试样张进行，测试样张由印钞企业仿制欧元的特征制作，ECB要求全部伪钞和测试样张被准确识别，但ECB对现金机具检测防伪特征的数量和内容没有明确的要求。

俄罗斯中央银行、南非中央银行也采取了相似的管理模式，但测试检查的结果具有强制性，银行业金融机构须选用合格品牌和机型；中央银行对在用设备组织抽查测试，对于未通过的，将要求封机调试直到达到标准。

（二）参数阈值限定模式——以印度储备银行为代表

2010年3月起，印度储备银行提出《印度纸币鉴伪和清分标准》，对于银行业金融机构日现金处理量大于500万卢比的网点，推进使用参数阈值在特定标准以上的现金机具。在充分征求银行业金融机构、设备生产厂家及公众意见的基础上，对标准及其参数进行动态调整。马来西亚、印度尼西亚等东南亚国家中央银行也采用这种管理模式。

（三）现金质量管理模式——以美联储为代表

美联储仅为现金机具企业和银行业金融机构提供标准化的测试样张，不组织开展测试管理工作。现金机具企业采用样张开展设备研发和调试，银行业金融机构按照样张标准采购现金机具。美联储对银行业金融机构缴存的回笼款项进行抽查，发现夹杂假币则进行处罚。

三、标准设计的思路和主要内容

作为现金机具鉴别能力管理体系建设的重要环节，《规范》的制定具有举足轻重的作用，其既是现金机具企业研发产品的标杆，也是管理部门对机具行业开展检测管理工作的依据。

（一）标准的设计思路

《规范》充分借鉴了国外中央银行现金机具管理经验，同时有效解决了《国标》在执行过程中存在的难点。它在制定过程中遵循了如下原则：

1. 按现金机具处理对象和使用环境进行分类管理。随着科技的不断发展，现金机具行业的竞争日趋激烈，针对不同的应用场景，新的现金机具类型不断涌现。现金机具已从20世纪90年代单一的点验钞机逐步扩展至各类自助柜员机、清分机和现金接受设备。《规范》对现有现金机具类型进行了归纳，依据现金机具的应用场景和处理对象，对不同现金机具进行分类管理（见表5-2），符合现金机具行业发展的现状。

表5-2　现金机具分类

现金机具										
纸币鉴别机具					硬币鉴别机具					
单张纸币鉴别装置		批量纸币鉴别机具				单枚硬币鉴别装置		批量硬币鉴别机具		
		非自助纸币鉴别机具						非自助硬币鉴别机具		
		无拒钞仓的鉴别机具								
纸币自动鉴别仪	集成单张鉴别模块的机具	金融机构用无拒钞仓的鉴别机具	非金融机构用无拒钞仓的鉴别机具	有拒钞仓的鉴别机具	自助纸币鉴别机具	其他纸币鉴别机具	硬币自动鉴别仪	集成单枚鉴别模块的机具	金融机构用硬币鉴别机具	非金融机构用硬币鉴别机具	自助硬币鉴别机具	其他硬币鉴别机具

2. 按钞票的防伪特征提出鉴伪能力技术要求。《国标》从鉴别技术的角度对人民币鉴别仪采用的鉴别技术数量进行了要求，但对影响鉴别效果的防伪特征没有进行规范，导致个别现金机具虽然具有检测某一防伪特征的检测技术，但对该防伪特征的鉴别效果不佳。

《规范》从防伪特征的角度制定现金机具鉴别能力标准，有利于对不同类型现金机具的检测和管理。首先，欧洲中央银行和俄罗斯中央银行等国际同行都根据防伪特征对现金机具的鉴伪能力进行认证测试，而不考察现金机具的鉴别技术；其次，同一防伪特征可以通过多种不同的鉴别技术进行鉴别，依据防伪特征制定标准，只对现金机具的鉴别能力进行测试，避免了不同鉴别技术检测内容交叉引起的检测问题；最后，通过防伪特征制定现金机具鉴伪标准有利于测试样张的设计和测试方法的制定，可以更客观地评价现金机具的鉴伪能力，同时对现金机具产品的设计和技术进步具有更强的指导和规范意义。

（二）标准的主要内容

《规范》主要包括三部分内容。一是基本信息，对现金机具进行了分类，明确了人民币防伪特征。二是技术要求，对现金机具识别人民币防伪特征提出了基本需求。三是测试方法，对现金机具鉴伪能力的测试方法进行了规定。

四、实施路线探讨

现金机具鉴别能力标准化管理体系建设的关键在于《规范》及配套管理办法的实施，在充分借鉴国际经验和《国标》实施过程中存在的问题的基础上，结合人民银行在人民币防伪领域的优势，逐步研究制定符合现金机具行业健康发展需要的长效管理机制。

（一）统一设计、制作专用的测试样张库，构建科学的鉴别能力评价标尺

人民银行根据人民币的防伪特征，统一设计、制作满足《规范》需要的现金机具鉴别能力检测所需的测试样张；对收缴的假人民币进行综合分析，建立适合《规范》测试需要的假人民币样张库，根据假人民币的形势变化对假人民币样张进行动态更新，以此实现现金机具鉴别能力检测工作的标准化、常态化。

（二）借助专业的现金机具鉴别能力检测机构，形成客观的现金机具鉴别能力评价机制

人民银行组织专业的技术人员，计划借助第三方专业测评机构，开展对现金机具客观公正的第三方评价，为机具企业和银行业金融机构提供服务，为人民银行对现金机具鉴别功能的管理提供依据。

（三）建立现金机具鉴别能力发布机制，引导用户正确选择现金机具

依托现金机具鉴别能力检测工作，人民银行向社会公众公开发布现金机具检测结果，引导用户正确选择现金机具，保障公众利益，监督机具企业提高产品质量。

（四）成立现金机具行业自律组织，促进行业良性发展

在现金机具管理的基础上，引导成立全国性的现金机具行业自律组织，通过组织内部信息共享与交流，及时通报新型假人民币或新版人民币信息，督促机具企业提升鉴别能力，促进现金机具行业健康发展。

第四节　《保险术语》国家标准制定实践与思考

"十三五"时期是我国全面建成小康社会、实现第一个百年奋斗目标的决胜阶段，也是我国保险业从保险大国迈向保险强国的关键时期。在这一重要新时期，保险业的新经济，就是要立足新起点，充分发挥以移动互联网、大数据、云计算、人工智能等为代表的新一代信息技术引擎的作用，持续推进行业改革创新，更好地支持经济社会建设，为服务国家治理体系和治理能力现代化做出更大贡献。

一、新时期、保险新经济下，市场呼唤《保险术语》国家标准出台

（一）保险业全面转型升级的需要

《国务院关于加快发展现代保险服务业的若干意见》的发布，掀开了中国保险行业发展的新篇章，保险业在经济社会中的地位和定位发生了历史性的改变。保险业应紧跟经济社会转型升级的需要，努力实现自身战略转型，因此，助推创新发展、引领时代进步的保险业国家和行业核心术语标准的出台尤为必要。

（二）保险市场主体创新发展、优化升级的需要

"十三五"期间，保险业的目标是推动市场主体层次、业务结构和区域布局优化升级，统筹培育与实体经济发展和金融改革创新相适应的现代保险市场体系，健全市场主体经营活动规则，提高保险业发展的均衡水平和整体效能。因此，作为规范保险市场主体经营活动的规则标准，该术语标准的出台尤为必要。

（三）中国保险业提升国际竞争力、全球化发展的需要

当前，我国与全球经济的联系日益加深，国际交流合作不断深化。全球保险发展日新月异，保险监管的理念和方式不断优化，各国监管部门合作加深，为我国保险业更好地利用国际资本、技术和人才提供了契机。我国鼓励保险机构扩大对"一带一路"项目的承保支持、技术支持和本地服务支持，构建境外服务网络，实现风险的全球分散。作为世界保险业通用语言的《保险术语》国家标准将是我国保险业向全球化迈进的有效支持。

（四）保险服务能力提升、满足公共服务和社会管理的需要

按保险行业规划目标，2020年我国人均GDP为2.6万美元，保险深度将达到4.86%~5%，保险密度达到3,500元/人，保险业总资产争取达到25万亿元左右。由此可见，中国保险行业发展前景依然非常乐观，人口红利或将持续。但如此深度、密度和量级的保险服务需求，呼唤高品质、多层次、个性化的保险公共服务的推出和全行业统一规范的社会管理标准的出台。

（五）增强公众保险意识、提升行业影响力的需要

为了进一步增强公众保险意识、维护消费者权益，帮助消费者对于保险的概貌、保险专业术语和保险公司的经营有更清楚的认识，保险业理应更多地加强与银行、证券、公安、交通、医疗、社保、气象、地理、汽车工业等保险关联行业间的沟通、交流和合作，赢得全社会的广泛认同，提高行业间沟通效率，降低交互成本，提升行业影响力。《保险术语》国家标准的出台非常必要。

（六）降低监管成本、减少法律纠纷、维护保险消费者权益的需要

标准也是市场主体、消费者和监管部门三者之间的桥梁。市场主体合规经营、提供服务和控制质量依赖于标准；消费者购买保险产品，享有保险服务依赖于标准；监管部门出台政策，开展行业管理、市场准入和服务质量监督依赖于标准。当前《保险术语》国家标准正扮演了这样重要的角色，已成为保险行业的共同语言。

二、《保险术语》国家标准的编制原则

为了使《保险术语》国家标准能够适应新经济、新常态保险行业发展的需要，真正成为"十三五"期间规范保险生产活动和市场行为，助力保险产品创新和模式转型，推

动建立最佳秩序的新供给、新动能，《保险术语》国家标准严格遵循以下原则：

（一）面向保险全行业，遵循规范性和专业性原则

在行文结构、编写方法上遵循GB/T 1.1—2000、GB/T 10112—1999、GB/T 20001.1—2001、GB/T 16785—1997等一系列标准要求。在内容上，基于对保险业务准确的、统一的理解，查阅了近十年来国家和监管部门出台的所有法律、法规和文献资料，并广泛征集行业内外专家意见、建议。《保险术语》编制过程中，累计向行业内外约70家单位发放标准并收集约800条意见，标准起草组通过研讨会对所有意见进行了逐一研讨和处理。

（二）面向实际业务，遵循系统性和实用性原则

《保险术语》国家标准体系中各个标准之间在内容和层次上力求边界清晰合理，标准之间体现出互相依赖、衔接良好的配套关系。同时，在编制过程中，一方面依托国内市场和传统文化，将国内保险业内已广泛运用的保险术语和概念纳入标准；另一方面重点选取保险业务的主要业务术语和近几年工作中常用术语提高实用性。同时注重国际惯例保险行业术语引进，结合我国的文化背景进行汉化，做到单词单义，符合汉语习惯。《保险术语》国家标准共分11章，全面涵盖了基本术语、保险产品、投保承保、合同管理、赔偿给付、市场和营销、保险中介、风险管理、精算、再保险、组织与管理等保险经营管理活动的全流程和领域，术语总数达817个。

（三）面向未来，遵循预见性和可扩充性原则

在《保险术语》国家标准编制过程中，注重对保险新常态、新业态的研究和展望，在行业标准的基础上实时补充、引入了一些新的保险概念；考虑到未来发展的需要，保持标准体系的可扩展性，以适应行业战略发展及标准实施应用的发展。同时，为了达到国际接轨的要求，编制过程中，参考了国际保险行业术语标准，紧跟世界保险业发展的步伐。

三、贯彻和推广《保险术语》国家标准的建议

（一）贯彻和推广《保险术语》国家标准的必要性

《保险术语》国家标准适用于保险监管机构的各类保险监管活动，适用于在国内从事保险业务的保险公司、保险中介机构的各类保险业务活动和管理。

1. 对于每个保险企业而言，《保险术语》集保险业务、产品、销售、服务、经营、

管理之大成，有利于保险企业内部各部门对业务概念、业务定义的统一理解，也是保险企业信息化建设的基础，是应用系统间信息共享和应用集成的基础，在保险主体日常业务发展、产品创新、模式转型中，将起到基础、规范和支撑作用，是保险从业宝典。

2. 对于整个保险行业而言，《保险术语》国家标准能促进各家保险公司之间建立信息交换和共享机制，能有效解决市场经济发展中的质量、效率、秩序、可持续性等诸多问题，是保险主体间沟通交流、公平竞争需共同遵循的准则。《保险术语》有利于提高保险产品设计的规范化水平，有利于购买保险产品和服务的消费者更好地理解保险产品和条款，也有利于保险行业与其他关联性行业的沟通、交流。

3. 对于保险监管机构而言，《保险术语》有利于保险监管机构参照统一的术语标准，获取保险公司的业务统计分析数据，满足对保险公司市场行为、偿付能力、公司治理结构的专业化监管需要；使监管机构起草保险业监管的各类规章制度时有统一的术语标准可供参考，有利于各家保险公司更好地理解保险规章制度的涵义；有利于保险监管机构同其他金融监管机构之间以统一的语言进行交流。

（二）贯彻和推广《保险术语》国家标准的建议

1. 加大宣传力度，扩大《保险术语》国家标准的社会影响力。进一步创新方式方法，大力推进保险国家标准、行业标准的宣贯工作，通过多种渠道大力宣传保险标准化方针政策、先进典型和突出成果，扩大保险标准化影响力。积极利用世界标准日、质量月、消费者权益保护日、全国保险公众宣传日等开展群众性标准化宣传活动，深入企业、机关、学校、社区普及保险标准化知识，宣传标准化理念，营造人人关注标准、人人使用标准的保险标准化良好氛围。

2. 加快保险团体标准制定，满足市场需要。根据行业发展需求与技术创新趋势，建立更加符合市场需求、业务领域广、服务范围宽、规范程度多层次的标准体系，制定一批满足市场需求、快速响应技术创新的团体标准，填补国家标准、行业标准的空白，更好地满足市场竞争和创新发展的需求。在标准制定主体上，鼓励具有法人资格和相应能力的协会、学会等社会组织协调相关市场主体，建立相应的制度与机制，制定满足市场和创新需要的标准，供市场自愿选用，增加标准的有效供给。

3. 加强标准化人才培养，建立培养、认证体系。研究制定有针对性、操作性强的保险业标准化人才培养政策，逐步建立保险业标准化人才培养机制，包括各类专业标准化人才队伍，特别是跨行业、跨领域、懂业务的标准化业务骨干的培养。加强对金标委保险分委会委员、联络员的标准化专业培训，完善评价激励机制等，同时探索建立保险业标准化工程师资格制度及培养认证体系。

4. 加强行业交流和国际交流，扩大中国保险业影响力。加强与国家标准委、金标委及国际国内标准化组织的交流与合作。与国家标准委建立更为密切的联系，积极寻求国家标准委的指导和帮助，对于有必要上升为国家标准的保险标准，积极推动其国标化；积极参与金标委的工作，发挥保险标准化在整个金融标准化领域中的重要作用；推动与其他保险相关领域标准化机构的交流与合作，促进保险企业在开展行业间合作时形成标准合力，提高行业间沟通效率，降低交互成本；加强与国际标准化组织的合作，吸收和借鉴国际标准化成功经验，锻炼和培养自身标准化队伍，对外展示中国保险标准化工作形象，提升国际影响力。

第五节　"互联网+"金融的标准体系

2015年政府工作报告提出制订"互联网+"行动计划，"互联网+"理念快速被我国社会各界所接受。我国金融业是较早践行"互联网+"的行业之一，在短短几年内，我国快速涌现出第三方网络支付、互联网小额贷款、P2P贷款、股权众筹等新兴互联网金融业态，而银行、证券、保险等传统金融机构也在应用互联网技术创新产品和服务。"互联网+"在提升资金融通效率、降低服务成本、支持网络和信息经济发展、增强服务小微企业能力等方面取得了显著成效，但也带来了新的问题和挑战。在"互联网+"时代进一步深化落实金融标准化战略，可以提升市场主体自律和自治能力，以市场化方式逐步解决有关问题，进而对金融监管形成有效的补充。

一、标准化工作对互联网金融行业的意义

随着经济全球化进程的加快，标准已成为现代国际经济发展重要的竞争手段和合作纽带，成为一个国家提高整体竞争力的战略制高点。近年来，我国金融标准化建设呈现跨越式发展态势，在推动信息化建设由分散走向集中、促进金融和相关产业的发展以及宏观审慎管理方面发挥着越来越重要的作用。在新形势下，国务院于2015年3月11日公

布了《深化标准化工作改革方案》，提出了建立"政府引导、市场驱动、社会参与、协同推进"的标准化工作格局的总体目标。此外，该方案还首次提出了"团体标准"的概念，并鼓励具备相应能力的学会、协会、商会、联合会等社会组织和产业技术联盟协调相关市场主体共同制定满足市场和创新需要的团体标准，增加标准的有效供给。随着方案的逐步实施，标准化工作将在国家治理体系中发挥更大的作用。

互联网金融是一种以网络支付、网络借贷、股权众筹和网络金融产品销售等为代表的新金融业态，其功能仍然是资金融通、支付清算和财富管理等。一方面，互联网金融强化信息科技和金融业务融合发展，在提高金融服务效率，满足多元化的投融资需求，提升微型金融、农村金融的普惠性水平等方面发挥着积极作用。另一方面，互联网金融并未改变金融的本质，同样应以风险管控为核心要务。而以从事网络支付的非银行支付机构、P2P平台为主的互联网金融企业起步较晚，风控意识和管理水平相对滞后。因此，互联网金融监管总体上应当体现开放性、包容性、适应性，坚持鼓励和规范并重、培育和防险并举，维护良好的竞争秩序。在"适度监管、分类监管、协同监管、创新监管"的框架下，结合互联网金融行业自身特点，采用"协会组织"与"团体标准"相结合的模式，充分发挥标准的统筹协调作用和示范效应，提升市场主体的自律和自治能力，强化整个行业对各类风险的管控能力，对监管框架形成有力补充。

二、如何做好互联网金融标准体系规划

本质上讲，互联网金融是利用互联网技术实现资金融通的一种新型金融服务模式，应从技术标准、产品标准和服务标准三个层面做好互联网金融行业标准体系框架的规划和设计。

一是坚持技术标准先行，创新与可控并重。技术创新是互联网金融的基础，典型的包括支付技术的变革，以及移动互联网、大数据、云计算、搜索引擎等技术的应用等，在支付清算、信息处理、风险管控、筹融资等方面发挥了显著作用。当前互联网金融领域技术创新呈百花齐放的态势，以支付技术为例，从最初的网银支付到基于NFC的移动支付，再到二维码支付、声波支付、指纹支付和刷脸支付等，技术创新使越来越多的市场主体参与到支付服务中，产业链更加复杂，推动了线下金融服务与线上金融服务有效融合，不断催生出新的金融产品和业务模式，同时也对安全管理提出了更高的要求。制定统一的技术标准，一方面有利于引导产业朝着安全、自主可控的方向发展；另一方面

有利于推动产业各方形成分工协作、利益共享、互利互惠的运作模式，建立实现社会效益最大化、公平开放、竞争有序的合作发展机制。在制定和实施技术标准时，应兼顾标准的强制性、演进性和包容性，在信息安全方面，依托检测、认证、检查等手段，确保标准的实施和落地。同时，在风险可控的前提下，允许新的技术和业务模式出现，鼓励创新并营造良性竞争的氛围。

二是做好产品标准，强化风险管控。借助互联网渠道销售的传统金融产品，如存款、基金、股票和保险产品等，一方面要有明确的监管要求和市场准入规则，另一方面要有标准化的产品设计流程和风控机制、较完备的风险提示和信息披露机制以及标准化的产品说明书。而一些新型的互联网金融产品在这些方面与传统金融产品相比则有所欠缺，如部分P2P网贷产品。针对这些新的互联网金融产品，在从监管层面进行规范的同时，也要从行业自律角度，制定相关标准对其具体的要素和指标进行约束。一是规范产品的设计流程和风控指标体系，并在各环节中体现风控的思想；二是规范产品说明书要素，对产品要素、投资管理、费用、收益说明，以及发行、运行、到期等阶段需要公开的信息进行明确；三是规范产品风险提示机制，对风险揭示书的要素，包括风险级别、风险点、适应人群等进行细化。通过制定和实施各项标准，切实做好风险管控，为互联网金融产品创新奠定良好的基础。

三是完善服务标准，保障消费者权益。互联网金融呈现个性化、碎片化、微小化等特征，让更多的用户体验到了随时、随地、随身和无门槛的金融服务。但是，这也带来了一些新问题：一方面，普通用户的金融知识往往比较欠缺，维权意识不足；另一方面，部分互联网企业在提供金融服务时，省略了传统金融产品面签纸质文书等环节，导致维权环节多、举证难。此外，还存在信息透明度不高、对用户隐私保护不足、纠纷调解机制不完善等问题，使得群体性讨债事件时有发生。针对这种情况，在政府监管之外，还应当有行业自律组织进行监督，并推动形成统一的行业服务标准，对各类互联网金融企业的服务流程、关键服务指标、信息披露规则、用户隐私保护机制、纠纷调节机制等进行规范，强化企业的内部治理，加强对服务事项的事中事后监督，加大对违规行为的处罚力度，引导互联网金融企业切实履行社会责任。

三、推动互联网金融标准化战略有效实施

此次标准化改革方向是由政府单一供给的标准体系转变为政府和市场共治的新型标

准体系，政府主导制定的标准侧重于保基本，市场自主制定的标准侧重于提高竞争力。事实上，无论是哪种性质的标准，其目的都在于加强行业监管和协调，规范和引导市场健康发展。在以技术标准、产品标准和服务标准为条线的体系框架下，根据标准所规范的对象不同，对标准类型及其制定、推行主体应有清晰的定位，这是确保标准化战略有效执行的关键。

具体到"互联网+"金融领域，在涉及保障信息安全和财产安全、坚守业务底线等方面，应由政府主导实行强制性标准，并做好对实施情况的监督，确保其执行效力；在涉及技术创新、服务规范及市场竞争等方面，应充分发挥市场自身的自律作用，实行团体标准，引导互联网金融企业履行社会责任，特别是大型企业应在建立行业标准、服务实体经济、服务社会公众等方面起到排头兵和模范引领作用。此外，要充分发挥政府对市场的指导作用，行业主管部门应逐步研究制定互联网金融领域团体标准发展的指导意见，建立与业界和社会公众的良好沟通与互动机制，推动团体标准的进一步完善和有效实施。

第六章
2016年金融标准化
工作展望

2015年，金融标准化工作延续良好发展态势，在公益标准研制、专项工作组推进、金融国际标准化工作等方面取得较好成效，有力地促进改革发展、防范金融风险、支撑金融创新。但在金融改革和信息化迅猛发展的趋势下，金融标准化工作质量和效率仍有待提高，金融标准供给有效性和针对性有待加强，金融标准实施的严谨性和持续性有待提升。2016年，金标委将紧密围绕国家标准化工作改革的各项具体要求，制定《金融业标准化体系建设发展规划（2016—2020年）》，全面做好金融改革和金融普惠的支持工作，强化金融重点领域标准研究和规划，将标准作为支撑政府部门履职的重要抓手，推进公益性标准、团体标准和企业标准的制定，深化国际标准化参与，加快金标委体制机制创新发展，着重做好以下五方面工作：

一是结合国家标准化体系建设发展规划，开展新兴重点领域标准化研究。云计算、大数据、区块链、生物识别等互联网新兴技术快速发展，促进传统金融发展的同时，也带来新的风险。规范互联网金融并促进其健康发展，必须抓紧研制新兴技术的相关标准，建立公平开放、竞争有序的合作发展机制。在制定和实施新兴技术标准时，应兼顾强制性和包容性，即在保障信息安全、财产安全和坚守业务风险底线等方面，由政府机构主导标准实施，并强化检测认证和专项检查；其他方面则以推荐性标准创建行业标杆，允许市场主体探索实践，营造良性竞争环境。

二是加快实施公益性金融国家标准，推动普惠金融发展。进一步贯彻落实国务院推动普惠金融的总体目标，2016年重点做好《银行营业网点服务基本要求》、《银行业客户服务中心基本要求》等9项公益性金融标准的实施工作，促进银行业服务民生、践行社会责任。今后，金融标准化要加大对普惠金融的支持力度，组织研制公益性领域金融国家标准，优化金融业服务质量，支持金融消费者权益保护。同时注重引导金融机构扎根基层、服务社区，为小微企业、"三农"和城镇居民提供更加便利的金融服务。

三是以《深化标准化工作改革方案》为指导，研究稳步推进团体标准、企业标准制定。有步骤、有秩序地推动协会、学会制定满足市场和创新需要的标准。在不妨碍公平竞争和协调一致的前提下，支持专利和科技成果融入团体标准。促进创新技术产业化、市场化，并对团体标准进行必要的规范、引导和监督。鼓励金融机构根据需要自主制定和实施企业标准，发挥引领带头作用，加强人民银行技术标准研制。鼓励金融机构自我声明和公开企业产品及服务标准，鼓励标准化专业机构对公开的企业标准开展评价和监督。

四是顺应金融业国际化发展，提升金融国际标准化跟踪研究的体系化程度。金融国际标准化工作逐步由"跟踪研究"过渡到"实质性参与"，结合国内金融发展需要及国际标准热点，加大金融主管部门和金融机构的对口参与力度，不断扩大专家派出规模，探索提高标准化研究能力的路径方式。突出金融国际标准跟踪研究工作组的组织协调作用，畅通国际标准跟踪参与渠道，提高国内外信息共享的广度和深度，做好涉外专家管理，加强人才队伍建设。拓宽金融标准化国际视野，加快国际国内标准对接，通过"标准引进"促进国内标准发展，通过"标准输出"提高国际影响力。

五是继续完善金标委制度和组织机制，探索创新金融标准化工作方法和手段。金标委要提高金融标准化工作的责任感，在国家标准委指导下，支持人民银行、银监会、证监会、保监会、外汇局的履职需要，提高各委员单位的标准化工作参与意识，引导委员单位认识到金融标准在系统建设、业务发展、内部管理中的积极作用，不断加大在资源及人才储备等方面的投入。金标委秘书处要提高运行效率，做好金融标准化的组织、协调和推动工作，加强标准清单管理、标准化专项工作组管理。

附录

- 2015年金融标准化工作大事记
- 2015年发布、在建金融标准一览表
- ISO/TC68及TC222已发布的金融国际标准一览
- LEI中国本地系统发码数据统计名单

附录A　2015年金融标准化工作大事记

2015年2月3日，全国金融标准化技术委员会2015年工作会议在北京召开。

2015年2月6日，全球法人机构识别编码（LEI）体系监管委员会（ROC）全体会议在西班牙马德里召开，我国代表参会。

2015年3月10日，金标委保险分委会代表参加了由保险合作运营研究及发展协会（ACORD）在新加坡主办的"2015年ACORD亚洲年会"。

2015年3月25日至27日，全球法人机构识别编码（LEI）体系监管委员会（ROC）执行委员会（EC）会议及全球LEI基金会董事会（GLEIF BOD）会议在英国伦敦分别召开，我国代表参会。

2015年4月14日，我国本地系统成功将中国工商银行股份有限公司在境外的LEI编码迁回我国。

2015年5月4日至7日，金标委组团参加国际标准化组织金融服务技术委员会（ISO/TC68）在加拿大多伦多召开的第34届年会。

2015年5月20日，JR/T 0126—2015《银行与合作方业务数据一致性处理规范》金融行业标准正式发布。

2015年6月3日，金标委证券分委会组织召开第三届换届会议。

2015年6月4日至5日，金标委证券分委会组团参加国家编码机构协会（ANNA）在爱尔兰都柏林举办的2015年上半年年会。

2015年6月8日至9日，全球法人机构识别编码（LEI）体系监管委员会（ROC）全体会议在美国华盛顿召开，我国代表参会。

2015年6月18日，金标委金融国际标准跟踪研究工作组在北京召开专家座谈会。

2015年7月22日，JR/T 0113—2015《银行业会计凭证基本信息描述规范》金融行业标准正式发布。

2015年7月27日，金标委公布实施《全国金融标准化技术委员会专项工作组管理办法》。

2015年8月1日，JR/T 0033—2015《保险基础数据元目录》金融行业标准正式发布。

2015年8月1日，JR/T 0048—2015《保险基础数据模型》金融行业标准正式发布。

2015年8月1日，JR/T 0127—2015《保险机构投诉处理规范》金融行业标准正式发布。

2015年8月1日，JR/T 0128—2015《农业保险数据规范》金融行业标准正式发布。

2015年8月5日，金标委银行间市场技术标准工作组（CFSTC/WG1）在上海组织召开了工作组2015年工作会议。

2015年8月6日，金标委农信系统标准工作组（CFSTC/WG5）在济南组织召开了工作组2015年工作会议。

2015年8月19日，金标委在北京召开《银行业产品说明书描述规范》国际标准提案专家论证会。

2015年8月31日，JR/T 0114—2015《网银系统USBKey规范　安全技术与测评要求》金融行业标准正式发布。

2015年9月21日至23日，全球法人机构识别编码（LEI）体系在北京召开监管委员会（ROC）执行委员会（EC）与全球LEI基金会董事会联合会议、ROC EC会议及GLEIF BOD会议等。会议由中国人民银行科技司及中国金融电子化公司承办。

2015年10月1日，JR/T 0032—2015《保险术语》金融行业标准正式发布。

2015年10月1日，JR/T 0034—2015《保险业务代码集》金融行业标准正式发布。

2015年10月8日，我国本地系统成功将中国银行股份有限公司在境外的LEI编码迁回我国。

2015年10月21日，JR/T 0125—2015《商业银行内部控制评价指南》金融行业标准正式发布。

2015年10月27日，JR/T 0118—2015《金融电子认证规范》金融行业标准正式发布。

2015年11月10日，JR/T 0129—2015《电子现金跨行圈存技术规范》金融行业标准正式发布。

2015年11月11日，2015年金标委保险分委会工作会议在北京召开。

2015年11月11日至13日，金标委证券分委会组团参加国家编码机构协会（ANNA）在哥斯达黎加圣何塞举办的2015年下半年年会。

2015年11月17日至19日，全球法人机构识别编码（LEI）体系执行委员会（EC）及GLEIF BOD会议在墨西哥分别召开，我国参加了GLEIF BOD会议。

2015年11月30日，JR/T 0109—2015《智能电视支付应用规范》金融行业标准正式发布。

2015年12月1日至2日，我国代表参加在日本东京召开的ISO 20022注册管理组（RMG）年会。

2015年12月10日，JR/T 0131—2015《金融业信息系统机房动力系统规范》金融行业标准正式发布。

2015年12月10日，JR/T 0132—2015《金融业信息系统机房动力系统测评规范》金融行业标准正式发布。

2015年12月28日，GB/T 32312—2015《银行业客户服务中心服务评价指标规范》金融国家标准正式发布。

2015年12月28日，GB/T 32313—2015《商业银行个人理财服务规范》金融国家标准正式发布。

2015年12月28日，GB/T 32314—2015《商业银行客户服务中心服务外包管理规范》金融国家标准正式发布。

2015年12月28日，GB/T 32315—2015《银行业客户服务中心基本要求》金融国家标准正式发布。

2015年12月28日，GB/T 32316—2015《金融租赁服务流程规范》金融国家标准正式发布。

2015年12月28日，GB/T 32317—2015《商业银行个人理财客户风险承受能力测评规范》金融国家标准正式发布。

2015年12月28日，GB/T 32318—2015《银行营业网点服务评价准则》金融国家标准正式发布。

2015年12月28日，GB/T 32319—2015《银行业产品说明书描述规范》金融国家标准正式发布。

2015年12月28日，GB/T 32320—2015《银行营业网点服务基本要求》金融国家标准正式发布。

附录B　2015年发布、在建金融标准一览表

一、2015年发布金融标准一览表

序号	标准编号	标准名称	标准类别	简介	归口单位
1	GB/T 32312—2015	银行业客户服务中心服务评价指标规范	国标	本标准规定了银行业客户服务中心（以下简称客户服务中心）服务评价的指标范围及内容、指标体系和指标计算。 本标准主要适用于客户服务中心的服务能力和服务效果的评价与管理。	全国金融标准化技术委员会
2	GB/T 32313—2015	商业银行个人理财服务规范	国标	本标准规定了商业银行个人理财服务的基本原则，给出了理财产品研发、收费、投资、风险防范、销售管理和售后服务等方面的一般性要求。 本标准适用于有资质的从事个人理财业务经营管理的商业银行。	全国金融标准化技术委员会
3	GB/T 32314—2015	商业银行客户服务中心服务外包管理规范	国标	本标准界定了商业银行客户服务中心外包活动的基本原则，并对外包要素和外包管理提出了要求。 本标准适用于商业银行客户服务中心的服务外包。	全国金融标准化技术委员会
4	GB/T 32315—2015	银行业客户服务中心基本要求	国标	本标准规定了银行业客户服务中心的运营环境、系统架构、人员配备、服务质量、风险管理、投诉处理等方面的内容。 本标准适用于银行业客户服务中心的建设与管理。	全国金融标准化技术委员会
5	GB/T 32316—2015	金融租赁服务流程规范	国标	本标准规定了金融租赁服务申请、受理及调查、审核、合同签订和履行、租后管理等方面的要求。 本标准适用于金融租赁服务机构及人员。	全国金融标准化技术委员会
6	GB/T 32317—2015	商业银行个人理财客户风险承受能力测评规范	国标	本标准规定了商业银行开展个人理财客户产品风险承受能力测评的基本要素、计算方法、评价过程以及结果应用等。 本标准适用于商业银行客户风险承受能力测评过程及文档规范。	全国金融标准化技术委员会
7	GB/T 32318—2015	银行营业网点服务评价准则	国标	本标准规定了银行业营业网点服务评价原则、评价内容、评价方式、评价流程、评价指标体系等内容。 本标准适用于对银行营业网点服务的评价。	全国金融标准化技术委员会

续表

序号	标准编号	标准名称	标准类别	简介	归口单位
8	GB/T 32319—2015	银行业产品说明书描述规范	国标	本标准规定了发行银行产品的商业银行对银行客户提供的银行产品说明书的构成，明确了相关术语，说明书逻辑展现基本模型，给出了银行产品说明书逻辑展现基本要求。 本标准适用于在中华人民共和国境内注册和经营的银行业金融机构面向中华人民共和国境内的银行客户销售的适宜用的银行产品。	全国金融标准化技术委员会
9	GB/T 32320—2015	银行营业网点服务基本要求	国标	本标准规定了银行营业网点服务环境、服务功能、服务管理、消费者权益保护等基本内容。 本标准适用于固定银行营业网点的服务提供，社区银行、离行式自助银行等创新型网点，可部分参照本标准中关于硬件设施配置的相关要求。	全国金融标准化技术委员会
10	JR/T 0126—2015	银行与合作方业务数据一致性处理规范	行标	本标准规定了银行在与合作方共同推出产品或服务时，在业务数据处理方面应遵循的规则。 本标准适用于所有与银行开展合作业务时需进行业务数据处理的合作双方。	全国金融标准化技术委员会
11	JR/T 0113—2015	银行业会计凭证基本信息描述规范	行标	本标准规定了银行业金融机构对会计凭证基本信息的描述方法。 本标准适用于在中华人民共和国境内注册和经营的银行业金融机构间业务系统和服务体系。 本标准不适用于各类业务系统和服务体系。	全国金融标准化技术委员会
12	JR/T 0114—2015	网银系统USBKey规范　安全技术与测评要求	行标	本标准规定了网银系统USBKey的安全技术要求及对网银系统USBKey进行测评的相关要求和方法。 本标准适用于网银系统USBKey的研发、测试、评估和产品采购。 通常所说的一代USBKey由电子不符合硬件要求，不适用于本标准。	全国金融标准化技术委员会
13	JR/T 0125—2015	商业银行内部控制评价指南	行标	本标准建立了以评价内容为基础，以评价标准、评价程序为支柱，服务于评价目标的商业银行内部控制评价指南，明确了"由谁评价"、"评价什么"、"如何评价"和"评价结果如何利用"的一系列问题。 本标准适用于商业银行开展的内部控制评价工作。	全国金融标准化技术委员会

续表

序号	标准编号	标准名称	标准类别	简介	归口单位
14	JR/T 0118—2015	金融电子认证规范	行标	本标准规定了金融电子认证机构及自建电子认证系统的机构应遵循的要求。本标准第5章"金融电子认证管理"适用于在金融领域提供电子认证服务的第三方电子认证机构，包含为金融机构提供电子认证服务的金融机构和非银行支付机构。上述机构为内部员工提供电子认证服务的可参考本标准。本标准第6章"金融电子认证应用"适用于电子认证服务的金融机构和非银行支付机构。外资金融机构应用金融电子认证服务时可参考本标准。行业主管部门另有规定的，遵循主管部门的相关规定。	全国金融标准化技术委员会
15	JR/T 0129—2015	电子现金跨行圈存技术规范	行标	本标准规定了开通电子现金圈存业务的技术特征，包括系统、受理系统、交换系统、发卡系统的基本功能、处理流程、业务传输报文、清算文件、终端界面、提示术语等内容。本标准涉及应用和交易均符合JR/T 0025的电子现金和相应圈存交易。本标准适用于自动柜员机（ATM）、自助终端和IC卡互联网终端等可进行电子现金圈存交易的终端设备。	全国金融标准化技术委员会
16	JR/T 0109.1—2015	智能电视支付应用规范 第1部分：交易处理说明	行标	本部分规定了智能电视支付体系中各种交易的正常处理流程和异常处理流程。本部分适用于从事智能电视支付业务相关产品的设计、制造、管理、发行、受理以及相关应用系统的研制、开发、集成和维护的相关部门（单位）。本规范不涵盖通过电视上网完成的支付业务。	全国金融标准化技术委员会
17	JR/T 0109.2—2015	智能电视支付应用规范 第2部分：报文接口规范	行标	本部分规定了智能电视支付体系中联机交易使用的报文接口，包括报文格式以及报文主要要素。本部分适用于从事智能电视支付业务相关产品的设计、制造、管理、发行、受理以及相关应用系统的研制、开发、集成和维护的相关部门（单位）。	全国金融标准化技术委员会

续表

序号	标准编号	标准名称	标准类别	简介	归口单位
18	JR/T 0109.3—2015	智能电视支付应用规范 第3部分：数据安全传输控制规范	行标	本部分规定了智能电视支付交易网络中安全传输数据信息应达到的要求，包括数据传输安全要求、密钥管理方法和加密方法。本部分适用于从事智能电视支付业务相关产品的设计、制造、管理、发行、受理以及相关应用系统的研制、开发、集成和维护的相关部门（单位）。	全国金融标准化技术委员会
19	JR/T 0109.4—2015	智能电视支付应用规范 第4部分：通信接口规范	行标	本部分规定了智能电视支付交易网络中联机交易与文件传输的通信接口协议。本部分适用于从事智能电视支付业务相关产品的设计、制造、管理、发行、受理以及相关应用系统的研制、开发、集成和维护的相关部门（单位）。	全国金融标准化技术委员会
20	JR/T 0109.5—2015	智能电视支付应用规范 第5部分：终端规范	行标	本部分规定了智能电视支付应用终端的硬件要求以及各客户端软件的管理及安全要求。本部分适用于从事智能电视支付业务相关产品的设计、制造、管理、发行、受理以及相关应用系统的研制、开发、集成和维护的相关部门（单位）。	全国金融标准化技术委员会
21	JR/T 0131—2015	金融业信息系统机房动力系统规范	行标	本标准规定了金融业信息系统机房规划设计要点和管理的基本要求，适用于金融行业各种规模和等级的信息系统机房以及金融行业租用第三方数据机房时动力系统的评估。	全国金融标准化技术委员会
22	JR/T 0132—2015	金融业信息系统机房动力系统测评规范	行标	本标准规定了金融业信息系统机房动力系统测评中所涉及的关键条款，可作为动力系统测评和管理的重要依据。本标准适用于我国金融业各级信息系统机房动力系统测评。	全国金融标准化技术委员会
23	JR/T 0133—2015	证券期货业信息系统托管基本要求	行标	本标准规定了证券期货业信息系统托管的基本要求。本标准适用于在监管规定范围内使用托管服务的证券期货机构和为证券期货市场核心机构提供托管服务的证券期货机构及其下属机构。	证券分技术委员会

续表

序号	标准编号	标准名称	标准类别	简介	归口单位
24	JR/T 0032—2015	保险术语	行标	本标准规定了中华人民共和国境内的保险业务常用的基本术语。本标准适用于中华人民共和国境内保险业务活动和管理。	保险分技术委员会
25	JR/T 0033—2015	保险基础数据元目录	行标	本标准规定了保险行业各业务活动和业务环节中涉及的基础数据元的标识、中文名称、英文名称、说明和表示格式等内容。本标准适用于保险行业各机构间以及保险行业与其他相关行业间的信息共享和交换，保险企业内部信息化建设也可参考使用。	保险分技术委员会
26	JR/T 0034—2015	保险业务代码集	行标	本标准规定了保险业务信息交换和共享所使用的代码及其内容。本标准适用于全国所有保险企业的各类保险业务活动和管理。	保险分技术委员会
27	JR/T 0048—2015	保险基础数据模型	行标	本标准定义了保险业务经营管理活动及环节中涉及的基础数据模型，包括数据主题的划分、数据实体的定义及组织方式、数据实体属性的定义等内容。本标准适用于在保险行业各类信息系统建设过程中作为数据建模和数据库设计的参考和指导，和保险行业各机构间以及保险行业与其他相关行业间作为信息共享和交换的参考模型。	保险分技术委员会
28	JR/T 0127—2015	保险机构投诉处理规范	行标	本标准规定了中华人民共和国境内保险消费投诉的术语、分类及代码，以及常用的统计分析指标。本部分适用于中华人民共和国境内所有保险机构的保险消费投诉活动和管理。	保险分技术委员会
29	JR/T 0128—2015	农业保险数据规范	行标	本标准适用于保险信息共享和交换，以及保险行业与其他相关行业间的农业保险数据，保险企业内部农业保险信息化建设可参考。	保险分技术委员会

二、在建金融标准一览表

序号	在建标准名称	标准类别	进展阶段	归口单位
1	电子支付　工具分类及代码 （原名：电子支付　第2部分：工具分类及代码；电子支付文件数据格式）	行标	送审	全国金融标准化技术委员会
2	基于Internet的网上支付　第1部分：术语 （原名：电子支付　第1部分：术语；电子支付术语）	行标	送审	全国金融标准化技术委员会
3	基于Internet的网上支付　第2部分：数据元 （原名：电子支付　第3部分：数据元；电子支付数据元）	行标	送审	全国金融标准化技术委员会
4	基于Internet的网上支付　第3部分：交易模型及流程 （原名：基于Internet的网上支付　第1部分：交易模型及流程；基于INTERNET的网上支付业务模型及流程）	行标	送审	全国金融标准化技术委员会
5	基于Internet的网上支付　第4部分：报文结构及要素 （原名：基于Internet的网上支付　第2部分：报文结构及要素；基于INTERNET的网上支付报文结构及要素）	行标	送审	全国金融标准化技术委员会
6	基于Internet的网上支付　第5部分：文件数据格式 （原名：电子支付　第4部分：文件数据格式；电子支付工具分类及代码）	行标	送审	全国金融标准化技术委员会
7	基于Internet的网上支付　第6部分：安全规范 （原名：基于Internet的网上支付　第3部分：安全规范；基于INTERNET的网上支付安全规范）	行标	送审	全国金融标准化技术委员会
8	理财与资金信托统计数据元	行标	报批	全国金融标准化技术委员会
9	存款统计分类及编码	行标	报批	全国金融标准化技术委员会
10	贷款统计分类及编码	行标	报批	全国金融标准化技术委员会
11	特殊目的载体（SPV）编码规范	行标	报批	全国金融标准化技术委员会
12	离行式自助银行环境安全规范	行标	报批	全国金融标准化技术委员会
13	银行信息系统运维管理评价指标 第1部分：综合管理指标	行标	报批	全国金融标准化技术委员会
14	银行信息系统运维管理评价指标 第2部分：机房基础设施与网络	行标	报批	全国金融标准化技术委员会

续表

序号	在建标准名称	标准类别	进展阶段	归口单位
15	银行信息系统运维管理评价指标 第3部分：计算机系统	行标	报批	全国金融标准化技术委员会
16	银行信息系统运维管理评价指标 第4部分：应用软件系统	行标	报批	全国金融标准化技术委员会
17	银行信息系统运维管理评价指标 第5部分：运维安全	行标	报批	全国金融标准化技术委员会
18	中小银行信息系统托管维护服务规范	行标	报批	全国金融标准化技术委员会
19	不宜流通人民币　纸币	行标	起草	全国金融标准化技术委员会
20	不宜流通人民币　硬币	行标	起草	全国金融标准化技术委员会
21	银行卡销售点（POS）终端规范	行标	报批	全国金融标准化技术委员会
22	银行卡自动柜员机（ATM）终端规范	行标	报批	全国金融标准化技术委员会
23	银团贷款业务技术指南 （原名：银团贷款规范）	行标	送审	全国金融标准化技术委员会
24	网上银行客户注册流程规范	行标	起草	全国金融标准化技术委员会
25	电话银行外拨服务规范	行标	征求意见	全国金融标准化技术委员会
26	银行非现金自助服务终端设备技术规范	行标	征求意见	全国金融标准化技术委员会
27	现金类自助终端视频集中监控技术规范	行标	征求意见	全国金融标准化技术委员会
28	银行业软件异常分类	行标	报批	全国金融标准化技术委员会
29	国际结算及贸易融资产品规范 第1部分：信用证	行标	起草	全国金融标准化技术委员会
30	国际结算及贸易融资产品规范 第2部分：托收	行标	起草	全国金融标准化技术委员会
31	国际结算及贸易融资产品规范 第3部分：保函	行标	起草	全国金融标准化技术委员会
32	国际结算及贸易融资产品规范 第4部分：保理	行标	起草	全国金融标准化技术委员会
33	国际结算及贸易融资凭证格式指南 第1部分：信用证	行标	起草	全国金融标准化技术委员会
34	国际结算及贸易融资凭证格式指南 第2部分：托收	行标	起草	全国金融标准化技术委员会
35	国际结算及贸易融资凭证格式指南 第3部分：保函	行标	起草	全国金融标准化技术委员会
36	国际结算及贸易融资凭证格式指南 第4部分：保理	行标	起草	全国金融标准化技术委员会
37	金融IC卡行业一卡多应用规范	行标	报批	全国金融标准化技术委员会
38	基于安全芯片的线上支付技术规范 （原名：基于PBOC线上支付技术规范）	行标	报批	全国金融标准化技术委员会

序号	在建标准名称	标准类别	进展阶段	归口单位
39	金融IC卡数据统计规范	行标	征求意见	全国金融标准化技术委员会
40	公司金融顾问	行标	征求意见	全国金融标准化技术委员会
41	中国金融移动支付　应用基础 第1部分：术语	行标	起草	全国金融标准化技术委员会
42	中国金融移动支付　应用基础 第2部分：机构代码	行标	起草	全国金融标准化技术委员会
43	中国金融移动支付　应用基础 第3部分：支付应用标识符	行标	起草	全国金融标准化技术委员会
44	中国金融移动支付　应用基础 第4部分：支付账户介质识别码	行标	起草	全国金融标准化技术委员会
45	中国金融移动支付　安全单元 第1部分：通用技术要求	行标	起草	全国金融标准化技术委员会
46	中国金融移动支付　安全单元 第2部分：多应用管理规范	行标	起草	全国金融标准化技术委员会
47	中国金融移动支付　非接触式接口规范	行标	起草	全国金融标准化技术委员会
48	中国金融移动支付　受理终端技术要求	行标	起草	全国金融标准化技术委员会
49	中国金融移动支付　客户端技术规范	行标	起草	全国金融标准化技术委员会
50	中国金融移动支付　远程支付应用 第1部分：数据元	行标	起草	全国金融标准化技术委员会
51	中国金融移动支付　远程支付应用 第2部分：交易模型及流程规范	行标	起草	全国金融标准化技术委员会
52	中国金融移动支付　远程支付应用 第3部分：报文结构及要素	行标	起草	全国金融标准化技术委员会
53	中国金融移动支付　远程支付应用 第4部分：文件数据格式规范	行标	起草	全国金融标准化技术委员会
54	中国金融移动支付　远程支付应用 第5部分：短信支付技术规范	行标	起草	全国金融标准化技术委员会
55	中国金融移动支付　近场支付应用 第1部分：数据元	行标	起草	全国金融标准化技术委员会
56	中国金融移动支付　近场支付应用 第2部分：交易模型及流程规范	行标	起草	全国金融标准化技术委员会
57	中国金融移动支付　近场支付应用 第3部分：报文结构及要素	行标	起草	全国金融标准化技术委员会
58	中国金融移动支付　近场支付应用 第4部分：文件数据格式规范	行标	起草	全国金融标准化技术委员会
59	中国金融移动支付　应用安全规范	行标	起草	全国金融标准化技术委员会
60	中国金融移动支付　联网联合 第1部分：通信接口规范	行标	起草	全国金融标准化技术委员会

续表

序号	在建标准名称	标准类别	进展阶段	归口单位
61	中国金融移动支付　联网联合 第2部分：交易与清算流程规范	行标	起草	全国金融标准化技术委员会
62	中国金融移动支付　联网联合 第3部分：报文交换规范	行标	起草	全国金融标准化技术委员会
63	中国金融移动支付　联网联合 第4部分：文件数据格式规范	行标	起草	全国金融标准化技术委员会
64	中国金融移动支付　联网联合 第5部分：入网管理规范	行标	起草	全国金融标准化技术委员会
65	中国金融移动支付　联网联合 第6部分：安全规范	行标	起草	全国金融标准化技术委员会
66	中国金融移动支付　可信服务管理技术规范	行标	起草	全国金融标准化技术委员会
67	中国金融移动支付　检测规范 第1部分：移动终端非接触式接口	行标	起草	全国金融标准化技术委员会
68	中国金融移动支付　检测规范 第2部分：安全芯片	行标	起草	全国金融标准化技术委员会
69	中国金融移动支付　检测规范 第3部分：客户端软件	行标	起草	全国金融标准化技术委员会
70	中国金融移动支付　检测规范 第4部分：安全单元（SE）应用管理终端	行标	起草	全国金融标准化技术委员会
71	中国金融移动支付　检测规范 第5部分：安全单元（SE）嵌入式软件安全	行标	起草	全国金融标准化技术委员会
72	中国金融移动支付　检测规范 第6部分：业务系统	行标	起草	全国金融标准化技术委员会
73	中国金融移动支付　检测规范 第7部分：可信服务管理系统	行标	起草	全国金融标准化技术委员会
74	中国金融移动支付　检测规范 第8部分：个人信息保护	行标	起草	全国金融标准化技术委员会
75	银行间市场基础数据元	行标	起草	全国金融标准化技术委员会
76	银行间市场业务数据交换协议 第1部分：会话层通讯协议	行标	起草	全国金融标准化技术委员会
77	银行间市场业务数据交换协议 第2部分：表示层协议	行标	起草	全国金融标准化技术委员会
78	银行间市场业务数据交换协议 第3部分：适流IMIX	行标	起草	全国金融标准化技术委员会
79	商业银行经营管理指标数据元规范	行标	起草	全国金融标准化技术委员会
80	网上银行系统信息安全通用规范	行标	征求意见	全国金融标准化技术委员会
81	中小金融机构灾备云技术规范	行标	送审	全国金融标准化技术委员会

续表

序号	在建标准名称	标准类别	进展阶段	归口单位
82	中小金融机构灾备云安全要求	行标	送审	全国金融标准化技术委员会
83	中小金融机构灾备云服务管理规范	行标	送审	全国金融标准化技术委员会
84	银行卡清算业务设施技术要求	行标	征求意见	全国金融标准化技术委员会
85	银行卡联网联合技术规范 第1部分：交易处理	行标	终止	全国金融标准化技术委员会
86	银行卡联网联合技术规范 第2部分：报文交换	行标	终止	全国金融标准化技术委员会
87	银行卡联网联合技术规范 第3部分：文件数据格式	行标	终止	全国金融标准化技术委员会
88	银行卡联网联合技术规范 第4部分：数据安全传输控制	行标	终止	全国金融标准化技术委员会
89	银行卡联网联合技术规范 第5部分：通信接口	行标	终止	全国金融标准化技术委员会
90	银行卡联网联合技术规范 第6部分：增值业务	行标	终止	全国金融标准化技术委员会
91	银行卡联网联合安全规范	行标	终止	全国金融标准化技术委员会
92	证券及相关金融工具 国际证券识别编码体系	国标	报批	证券分技术委员会
93	证券和相关金融工具 交易所和市场识别码	国标	报批	证券分技术委员会
94	证券及相关金融工具 金融工具分类编码	国标	起草	证券分技术委员会
95	证券期货业市场主体识别码规则	行标	征求意见	证券分技术委员会
96	证券期货行业数据模型	行标	起草	证券分技术委员会
97	开放式基金业务数据交换协议	行标	起草	证券分技术委员会
98	证券期货业与银行间业务数据交换标准 第1部分：三方存管、银期转账和结售汇业务	行标	征求意见	证券分技术委员会
99	期货市场客户资料交换接口	行标	征求意见	证券分技术委员会
100	基金公司与托管行间托管业务数据交换协议	行标	起草	证券分技术委员会
101	期货结算数据接口标准	行标	征求意见	证券分技术委员会
102	证券交易数据交换协议	行标	起草	证券分技术委员会
103	轻量级实时消息传输接口标准	行标	起草	证券分技术委员会
104	场外通用传输接口标准（UTIS）	行标	起草	证券分技术委员会
105	互联网证券理财数据接口标准	行标	起草	证券分技术委员会

续表

序号	在建标准名称	标准类别	进展阶段	归口单位
106	开放式基金行业数据集中备份接口规范	行标	送审	证券分技术委员会
107	基金业数据集中备份标准	行标	征求意见	证券分技术委员会
108	资本市场场外交易系统接口标准规范 第1部分：行情接口	行标	报批	证券分技术委员会
109	资本市场场外交易系统接口标准规范 第2部分：订单接口	行标	报批	证券分技术委员会
110	资本市场场外交易系统接口标准规范 第3部分：结算接口	行标	报批	证券分技术委员会
111	期货公司柜台系统数据接口规范	行标	报批	证券分技术委员会
112	资产管理公司投资交易系统数据接口标准	行标	起草	证券分技术委员会
113	证券期货机构内部资产管理估值核算接口 标准	行标	起草	证券分技术委员会
114	证券期货业机构内部账户管理接口标准	行标	征求意见	证券分技术委员会
115	证券期货业机构内部资讯数据接口标准	行标	起草	证券分技术委员会
116	证券期货业机构内部委托交易接口标准： 证券交易	行标	起草	证券分技术委员会
117	中国上市公司社会责任报告编写及电子化 披露规范	行标	起草	证券分技术委员会
118	公司行为信息内容格式规范	行标	起草	证券分技术委员会
119	私募产品信息电子化规范	行标	征求意见	证券分技术委员会
120	证券投资基金信息披露电子化规范	行标	征求意见	证券分技术委员会
121	资本市场交易结算系统核心技术指标	行标	报批	证券分技术委员会
122	证券期货业软件测试规范	行标	起草	证券分技术委员会
123	证券期货业身份认证与数字证书标准	行标	起草	证券分技术委员会
124	证券期货业第三方交易系统接入技术管理 规范	行标	征求意见	证券分技术委员会
125	证券期货业信息技术统计标准	行标	起草	证券分技术委员会
126	证券期货业信息系统审计底稿 第1部分：证券交易所信息系统审计底稿	行标	报批	证券分技术委员会
127	证券期货业信息系统审计底稿 第2部分：期货交易所信息系统审计底稿	行标	报批	证券分技术委员会
128	证券期货业信息系统审计底稿 第3部分：登记结算公司信息系统审计底稿	行标	报批	证券分技术委员会

续表

序号	在建标准名称	标准类别	进展阶段	归口单位
129	证券期货业信息系统审计底稿 第4部分：核心机构系统审计底稿	行标	报批	证券分技术委员会
130	证券期货业信息系统审计底稿 第5部分：证券公司信息系统审计底稿	行标	报批	证券分技术委员会
131	证券期货业信息系统审计底稿 第6部分：基金管理公司信息系统审计底稿	行标	报批	证券分技术委员会
132	证券期货业信息系统审计底稿 第7部分：期货公司信息系统审计底稿	行标	报批	证券分技术委员会
133	证券公司客户适当性管理规范	行标	起草	证券分技术委员会
134	期货合约要素标准规范	行标	报批	证券分技术委员会
135	保险业IT审计管理规范	行标	送审	保险分技术委员会
136	保险行业企业财产保险标的分类标准	行标	征求意见	保险分技术委员会
137	环境污染责任保险风险评估指引	行标	征求意见	保险分技术委员会
138	机动车保险数据交换规范	行标	征求意见	保险分技术委员会
139	社保数据交换规范	行标	征求意见	保险分技术委员会
140	产险单证	行标	起草	保险分技术委员会
141	寿险单证	行标	起草	保险分技术委员会
142	再保险数据交换规范	行标	起草	保险分技术委员会
143	贵金属纪念币　金币	行标	征求意见	印制分技术委员会
144	贵金属纪念币　银币	行标	征求意见	印制分技术委员会
145	银行票据　支票（2010年版）　纸张	行标	送审	印制分技术委员会
146	银行票据　汇票（2010年版）　纸张	行标	送审	印制分技术委员会
147	银行票据　支票（2010年版）	行标	送审	印制分技术委员会
148	银行票据　汇票（2010年版）	行标	送审	印制分技术委员会
149	银行票据　本票（2010年版）	行标	送审	印制分技术委员会
150	税票纸张与产品显色灵敏性能质量评价	行标	报批	印制分技术委员会
151	增值税专用发票三联单	行标	征求意见	印制分技术委员会
152	增值税专用发票六联单	行标	征求意见	印制分技术委员会
153	增值税专用发票耐性检验评价方法	行标	报批	印制分技术委员会
154	银行票据　防伪线	行标	征求意见	印制分技术委员会
155	银联标识银行卡　防伪标	行标	征求意见	印制分技术委员会

附录C ISO/TC68及TC222已发布的金融国际标准一览表

更新时间：2015-12-31

序号	ISO编号	英文名称	标准名称	所属TC/SC
1	ISO 17442:2012	Financial services – Legal Entity Identifier（LEI）	金融服务 法人机构识别编码	TC68
2	ISO 20022-1:2013	Financial service–Universal financial industry message scheme–Part 1: Metamodel	金融服务 金融业通用报文方案 第1部分：元模型	TC68
3	ISO 20022-2:2013	Financial service–Universal financial industry message scheme–Part 2:UML_profile	金融服务 金融业通用报文方案 第2部分：UML 概况	TC68
4	ISO 20022-3:2013	Financial service–Universal financial industry message scheme–Part 3:Modelling	金融服务 金融业通用报文方案 第3部分：建模	TC68
5	ISO 20022-4:2013	Financial service–Universal financial industry message scheme–Part 4:XML Schema generation	金融服务 金融业通用报文方案 第4部分：XML Schema 生成	TC68
6	ISO 20022-5:2013	Financial service–Universal financial industry message scheme–Part 5:Reverse engineering	金融服务 金融业通用报文方案 第5部分：反向工程	TC68
7	ISO 20022-6:2013	Financial service–Universal financial industry message scheme–Part 6:Message transport characteristics	金融服务 金融业通用报文方案 第6部分：报文传输特性	TC68
8	ISO 20022-7:2013	Financial service–Universal financial industry message scheme–Part 7:Registration	金融服务 金融业通用报文方案 第7部分：注册	TC68
9	ISO 20022-8:2013	Financial service–Universal financial industry message scheme–Part 8:ASN.1 generation	金融服务 金融业通用报文方案 第8部分：ASN.1 生成	TC68
10	ISO/TR 14742:2010	Financial services–Recommendations on cryptographic algorithms and their use	金融服务 密码算法及其使用建议	TC68/SC2
11	ISO 15782-1:2009	Certificate management for financial services–Part1: Public key certificates	金融业务证书管理 第1部分：公钥证书	TC68/SC2

续表

序号	ISO编号	英文名称	标准名称	所属TC/SC
12	ISO 15782—2:2001	Banking–Certificate management–Part 2:Certificate extensions	银行业务　证书管理　第2部分：证书扩展项	TC68/SC2
13	ISO 16609:2012	Financial service–Requirements for message authentication using symmetric techniques	金融服务　采用对称加密技术进行报文鉴别的要求	TC68/SC2
14	ISO/TR 19038:2005	Banking and related financial services–Triple DEA–Modes of operation–Implementation guidelines	银行业务和相关金融服务　TDEA运算模式　实施指南	TC68/SC2
15	ISO 11568—1:2005	Banking–Key management (retail) –Part 1:Principles	银行业务　密钥管理（零售）第1部分：原则	TC68/SC2
16	ISO 11568—2:2012	Financial service–Key management（retail）–Part2: Symmetric ciphers，their key management and lifecycle	金融服务　密钥管理（零售）第2部分：对称密码及其密钥管理和生命周期	TC68/SC2
17	ISO 11568—4:2007	Banking–Key management (retail) –Part 4:Asymmetric cryptosystems–Key management and lifecycle	银行业务　密钥管理（零售）第4部分：非对称密码系统及其密钥管理和生命周期	TC68/SC2
18	ISO 19092:2008	Financial services–Biometrics – Security framework	金融服务　生物特征识别　安全框架	TC68/SC2
19	ISO 21188:2006	Public key infrastructure for financial services–Practices and policy framework	用于金融服务的公钥基础设施实施实践和策略框架	TC68/SC2
20	ISO 9564—1:2011	Financial services–Personal Identification Number (PIN) management and security–Part 1: Basic principles and requirements for PINs in cardbased systems	金融服务　个人识别码的管理与安全 第1部分：卡基系统中联机PIN处理的基本原则和要求	TC68/SC2
21	ISO 9564—1:2011/ Amd1：2015	Financial services – Personal Identification Number (PIN) management and security – Part 1: Basic principles and requirements for PINs in cardbased systems AMENDMENT 1	金融服务　个人识别码的管理与安全 第1部分：卡基系统中联机PIN处理的基本原则和要求　修订1	TC68/SC2
22	ISO 9564—2:2014	Banking–Personal Identification Number management and security–Part 2: Approved algorithms for PIN encipherment	银行业务　个人识别码的管理与安全 第2部分：核准的PIN加密算法	TC68/SC2

续表

序号	ISO编号	英文名称	标准名称	所属TC/SC
23	ISO/TR 9564–4:2004	Banking–Personal Identification Number（PIN）management and security–Part 4: Guidelines for PIN handling in open networks	银行业务　个人识别码的管理与安全　第4部分：开放网络中PIN处理指南	TC68/SC2
24	ISO/TR 13569:2005	Financial services–Information security guidelines	金融服务　信息安全指南	TC68/SC2
25	ISO 13492:2007	Financial services–Key management related data element–Application and usage of ISO 8583 data elements 53 and 96	金融服务　密钥管理相关数据元　ISO 8583数据元53和96的应用和用途	TC68/SC2
26	ISO 13491–1:2007	Banking – Secure cryptographic devices（retail）–Part 1: Concepts, requirements and evaluation methods	银行业务　安全加密设备（零售）第1部分：概念、要求和评价（估）方法	TC68/SC2
27	ISO 13491–2:2005	Banking–Secure cryptographic devices（retail）–Part 2: Security compliance checklists for devices used in financial transactions	银行业务　安全加密设备（零售）第2部分：金融交易中设备安全符合性检测清单	TC68/SC2
28	ISO 6166:2013	Securities and related financial instruments–International securities identification numbering system（ISIN）	证券及相关金融工具　国际证券识别编码体系（ISIN）	TC68/SC4
29	ISO 10383:2012	Securities and related financial instruments–Codes for exchanges and market identification（MIC）	证券和相关金融工具　交易所和市场识别码（MIC）	TC68/SC4
30	ISO 15022–1:1999	Securities–Scheme for messages（Data Field Dictionary）–Part 1: Data field and message design rules and guidelines	证券报文方案（数据域字典）第1部分：数据域和报文设计规则指南	TC68/SC4
31	ISO 15022–1:1999/Cor1:1999	Securities–Scheme for messages（Data Field Dictionary）–Part 1: Data field and message design rules and guidelines	证券报文方案（数据域字典）第1部分：数据域和报文设计规则指南	TC68/SC4
32	ISO 15022–2:1999	Securities–Scheme for messages（Data Field Dictionary）–Part 2: Maintenance of the Data Field Dictionary and Catalogue of Messages	证券报文方案（数据域字典）第2部分：数据域字典和报文目录的维护	TC68/SC4
33	ISO 15022–2:1999/Cor1:1999	Securities–Scheme for messages（Data Field Dictionary）–Part 2: Maintenance of the Data Field Dictionary and Catalogue of Messages	证券报文方案（数据域字典）第2部分：数据域字典和报文目录的维护	TC68/SC4

续表

序号	ISO编号	英文名称	标准名称	所属TC/SC
34	ISO 10962:2015	Securities and related financial instruments–Classification of Financial Instruments（CFI code）	证券和相关金融工具 金融工具分类（CFI码）	TC68/SC4
35	ISO 8109:1990	Banking and related financial services–Securities – Format of Eurobonds	银行及相关金融服务 证券 欧洲债券格式	TC68/SC4
36	ISO 8532:1995	Securities–Format for transmission of certificate numbers	证券 证书号码传输格式	TC68/SC4
37	ISO 9019:1995	Securities–Numbering of certificates	证券 证书号码	TC68/SC4
38	ISO 9144:1991	Securities–Optical character recognition line–Position and structure	证券 光字符识别线 位置和结构	TC68/SC4
39	ISO 18774: 2015	Securities and related financial instruments – Financial Instrument Short Name (FISN)	证券和相关金融工具 金融工具短名（FISN）	TC68/SC4
40	ISO 13616—1:2007	Financial services–International bank account number (IBAN) –Part 1: Structure of the IBAN	金融服务 国际银行账号（IBAN）第1部分：IBAN的结构	TC68/SC7
41	ISO 13616—2:2007	Financial services – International bank account number (IBAN) –Part 2: Role and responsibilities of the Registration Authority	金融服务 国际银行账号（IBAN）第2部分：注册机构的角色和职责	TC68/SC7
42	ISO 22307:2008	Financial services–Privacy impact assessment	金融服务 隐私影响评估	TC68/SC7
43	ISO 11649:2009	Financial services–Core banking–Structured creditor reference to remittance information	金融服务 银行核心业务 汇款信息中收款方参考号	TC68/SC7
44	ISO 8583—1:2003	Financial transaction card originated messages–Interchange message specifications–Part 1:Messages, data elements and code values	产生报文的金融交易卡交换报文规范 第1部分：报文、数据元和代码值	TC68/SC7

续表

序号	ISO编号	英文名称	标准名称	所属TC/SC
45	ISO 8583—2:1998	Financial transaction card originated messages—Interchange message specifications—Part2:Application and registration procedures for Institution Identification Codes（IIC）	产生报文的金融交易卡交换报文规范 第2部分：机构标识代码（IIC）的申请及注册规程	TC68/SC7
46	ISO 8583—3:2003	Financial transaction card originated messages—Interchange message specifications—Part 3:Maintenance procedures for messages，data elements and code values	产生报文的金融交易卡交换报文规范 第3部分：报文、数据元和代码值的维护规程	TC68/SC7
47	ISO 9362:2014	Banking—Banking telecommunication messages –Business identifier code（BIC）	银行业务 银行电讯报文 银行标识代码（BIC）	TC68/SC7
48	ISO 1004—1:2013	Information Processing –Magnetic Ink Character Recognition– Part 1: Print specifications for E13B	信息处理 磁墨字符识别 第1部分：E13B的印制规范	TC68/SC7
49	ISO 1004—2:2013	Information Processing –Magnetic Ink Character Recognition– Part 2: Print specification for CMC7	信息处理 磁墨字符识别 第2部分：CMC7的印制规范	TC68/SC7
50	ISO 18245:2003	Retail financial services – Merchant category codes	金融零售业务 商户类别代码	TC68/SC7
51	ISO 4217:2015	Codes for the representation of currencies	表示货币的代码	TC68/SC7
52	ISO 22222:2005	Personal financial planning–Requirements for personal financial planners	个人理财 理财规划师的要求	TC222

注：ISO/TC222工作目前处于停滞状态。

附录D　LEI中国本地系统发码数据统计名单

序号	LEI编码	机构名称	机构类型	备注
1	300300C1020111000029	国家开发银行股份有限公司	银行类163家	
2	5493002ERZU2K9PZDL40	中国工商银行股份有限公司		迁回[①]
3	54930053HGCFWVHYZX42	中国银行股份有限公司		迁回
4	300300UDHJYNM1LIE936	封闭式股份公司中国工商银行（莫斯科）		
5	300300AKNDEHIGVDZW37	华夏银行股份有限公司		
6	300300C1031537000860	恒丰银行股份有限公司		
7	300300C1080211000042	北京银行股份有限公司		
8	300300HNU2KMVS1KPW47	内蒙古银行股份有限公司		
9	300300C1089737000084	济宁银行股份有限公司		
10	3003001SEGIW9IB2M294	辽阳银行股份有限公司		
11	300300C1090137000051	莱商银行股份有限公司		
12	300300C1089637000068	潍坊银行股份有限公司		
13	300300C1089937000019	威海市商业银行股份有限公司		
14	3003003HPTKYCODQ3Q89	浙江稠州商业银行股份有限公司		
15	300300C1088337000054	齐商银行股份有限公司		
16	300300C1092633000074	金华银行股份有限公司		
17	300300C1087615000051	包商银行股份有限公司		
18	300300C1078951000015	自贡市商业银行股份有限公司		
19	300300C1090037000035	日照银行股份有限公司		
20	300300C1105634000090	安徽广德农村商业银行股份有限公司		
21	300300C1210337000077	烟台农村商业银行股份有限公司		
22	3003009220UCR252SJ72	安徽叶集农村合作银行		

---

① 应工行申请，我国本地系统于2015年4月14日将其LEI编码从美国迁回国内；应中行申请，我国本地系统于2015年10月8日将其LEI编码从美国迁回国内。据悉，申请迁回主要是考虑信息安全保护及数据管理便利。

续表

序号	LEI编码	机构名称	机构类型	备注
23	300300EDXGSMAFYAYJ57	安徽利辛农村商业银行股份有限公司		
24	3003009WKIZA10JAOI89	佛山农村商业银行股份有限公司		
25	300300L8XIC30367RU80	安徽全椒农村合作银行		
26	300300C1196337000068	烟台福山珠江村镇银行股份有限公司		
27	300300C1214037000087	山东临朐聚丰村镇银行股份有限公司		
28	300300C1272744000075	珠海南屏村镇银行股份有限公司	银行类 163 家	
29	3003007VS9R5F8THTT38	山东省农村信用社联合社		
30	300300C1276935000020	霞浦刺桐红村镇银行有限公司		
31	300300C1271835000077	周宁刺桐红村镇银行有限公司		
32	300300C1213735000093	福建福安渝农商村镇银行有限责任公司		
33	300300C1271035000046	屏南刺桐红村镇银行有限公司		
34	300300C1271935000093	寿宁刺桐红村镇银行有限公司		
35	300300C3042435000036	寿宁县农村信用合作联社		
36	300300C1275135000023	福建蕉城刺桐红村镇银行有限公司		